Unda Hörner
Die realen Frauen der Surrealisten –
Simone Breton, Gala Éluard, Elsa Triolet

Unda Hörner

Die realen Frauen der Surrealisten

SIMONE BRETON
GALA ÉLUARD
ELSA TRIOLET

Bollmann

INHALT

Prolog 7

Prolog

Paris im Herbst des Jahres 1924: Das *Bureau Central de Recherches Surréalistes,* das Büro für surrealistische Forschungen in der Rue de Grenelle Nr. 15 am linken Seineufer unweit des Luxemburgparks, im Herzen des belebten Künstler- und Intellektuellenquartiers gelegen, hat seit Anfang Oktober dem interessierten Publikum seine Pforten geöffnet. Hier ist die Wirkungsstätte einiger junger Männer, die sich bereits seit ein paar Jahren experimentellen literarischen Formen verschrieben und ihre künstlerischen und politischen Ziele soeben im Ersten Manifest des Surrealismus von André Breton proklamiert haben. Das Büro fungiert gleichzeitig als Redaktionssitz ihrer Zeitschrift *La Révolution surréaliste.* Hier wird alles zusammengetragen, was den surrealistischen Geist repräsentiert. „An den Wänden einige der ersten Gemälde de Chiricos, die in den Augen der Surrealisten ein unvergleichliches Prestige genießen, sowie Abgüsse von Frauenkörpern."[1]

Doch diese Frauen aus Gips sind nicht die einzigen hier: Eine Schreibmaschine klappert; es ist Simone Breton, die emsig in die Tastatur greift. Für die Frau André Bretons, des Anführers der Surrealisten, ist es eine ehrenvolle Pflicht, regelmäßig an den Zusammenkünften der nur aus Männern bestehenden Gruppe teilzunehmen und die Sitzungsprotokolle zu führen. Gerade redigiert sie einen Artikel, den Louis Aragon für die *Révolution surréaliste* vorgesehen hat. Einmal mehr öffnet sich die Tür, doch diesmal ist es keiner von den Männern, der mit einem Bündel Manuskriptblätter herein-

Die „Herren", noch in ihrer präsurrealistischen Phase:
André Breton, René Hilsum, Louis Aragon und Paul Éluard um 1921

schneit, die Simone abtippen soll. Eine Frau, wie Simone nach der neuesten Mode gekleidet, im engen Futteralkleid und mit einer offensichtlichen Vorliebe für leuchtende Farben, betritt das Zimmer. „Liebe, Liebe! Meine Frau kam ganz in Rot"[2], jubelt Éluard – die Annalen des Forschungsbüros vermerken auch den Stolz, mit dem der Dichter dem Freundeskreis Gala als seine Frau vorführt. Wenn das Büro um achtzehn Uhr schließt, zieht die bunte Truppe los, in eine der Bars am Boulevard Montparnasse, die gerade en vogue sind, in die Wohnung der Bretons in der Rue Fontaine oder zum großen Amüsement in den Luna-Park. Simone und Gala posieren zwischen ihren vielen männlichen Begleitern auf Karussellpferden oder in der Attrappe eines Aeroplans vor der Linse eines Jahrmarktsphotographen – nebeneinander, jedoch unverbunden.

Simone Breton und Gala Éluard zwischen ihren
männlichen Begleitern auf dem Jahrmarkt

Im jenem Jahre 1924 hat Elsa Triolet noch mehr als einen
Koffer in ihrer Heimatstadt Moskau, doch sie ist auf dem
Sprung nach Paris. Den Roman *Anicet oder das Panorama* des
Proto-Surrealisten Louis Aragon hat sie bereits gelesen.
Während die surrealistische Bewegung in ihre fruchtbarste
Phase eintritt, in der so wichtige Werke wie Bretons *Nadja,*
Aragons *Pariser Landleben* und Éluards *Hauptstadt der Schmer-*
zen entstehen, verstummen in der Sowjetunion nach und nach
die Künstler der den Franzosen als Vorbild geltenden Russi-
schen Avantgarde; die Zensur dreht ihnen das Wort im Munde
um, bis sie es schließlich ganz abschneidet. Elsa Triolet lernt
Louis Aragon im November 1928 kennen, und er führt sie als
seine neue Begleiterin an die Orte surrealistischen Geschehens. Sie schaut sich um, mit skeptischem Blick. Sie drückt
ihre frischgeschminkten Lippen auf ein Blatt Papier, der rote
Mund erscheint auf dem Titelblatt des Zweiten surrealisti-

Elsa Triolet tippte nun ihre eigenen Romane ...

schen Manifests. Stumm werden ihre Lippen allerdings nicht lange bleiben: Fasziniert von vielen surrealistischen Texten, ist Elsa Triolet nicht lange bereit, nur Muse und Verzierung zu sein. Mit Louis Aragon führt sie schon bald eine Schriftsteller-ehe, die zu einer Legende des zwanzigsten Jahrhunderts geworden ist.

Der Kern der surrealistischen Gruppe ist 1928 bereits in Auflösung begriffen; die Wege der Surrealisten führen in verschiedene Richtungen, genauso trennen sich die der Frauen wieder, die sich für kurze Zeit im Schoße des Surrealismus kreuzten. Die Krise der Bewegung fiel mit privaten Krisen zusammen: Ende der zwanziger Jahre hat auch Simone Breton den Platz hinter der Schreibmaschine wieder verlassen. Von 1922 bis 1929 mit André Breton verheiratet, also genau in jenen Jahren, in denen er aus dem Surrealismus seine Kathedrale errichtete, hatte sie sich als Mitwirkende an den gemeinschaftlichen Aktivitäten intensiv mit dem Surrealismus auseinandergesetzt. Nun brauchte sie Abstand, um sich entfalten zu können. Gala, seit 1916 mit dem Dichter Paul Éluard verheiratet, berühmt-berüchtigt aber erst als Salvador Dalís 'skandalöse Muse' geworden, hatte Paris ganz den Rücken gekehrt und lebte fortan als Frau des katalanischen Malers im mediterranen Cadaqués. Und Elsa Triolet tippte ihre eigenen Romane.

„Vergessen Sie nicht, Messieurs, daß Sie nicht die Herren sind. Abstände müssen gewahrt werden. Mit den besten Grüßen"[3], heißt es in den *Magnetischen Feldern*. In diesem Sinne waren alle drei Frauen Verhältnissen entwachsen, in denen tadellose Abgüsse von Frauenkörpern ihre Rivalinnen darstellten.

André und Simone Breton, 1921

I

Simone Breton

Mit den Surrealisten der ersten Stunde

„Liebende, die sich trennen, haben einander nichts
vorzuwerfen, wenn sie sich geliebt haben. Bei eingehender
Analyse der Ursachen, die zu ihrer Entzweiung geführt
haben, wird sich herausstellen, wie wenig es für gewöhnlich
in ihrer Macht stand, frei über sich zu verfügen."[1]

ANDRÉ BRETON

Leben wie im Buche

„Simone kommt aus dem Land der Kolibris, diesen kleinen
Musikblitzen, sie erinnert an die Zeit der Lindenblüten", heißt
es bei Aragon.[2] Simone Kahn kam am 3. Mai 1897 in Iquitos
zur Welt, einer Großstadt am Amazonas, im Norden Perus. Im
Zeitalter des Kolonialismus spielte das Land eine wichtige
Rolle für die expandierende, immer stärker verflochtene Welt-
wirtschaft; Simones Vater hatte in Iquitos eine Kautschuk-
Exportgesellschaft übernommen. Nach einigen Jahren hatte
das Unternehmen bereits soviel Gewinn abgeworfen, daß die
Familie 1899 wieder in die Heimat Frankreich, nach Paris,
zurückgehen und dort vom erwirtschafteten Vermögen leben
konnte. Die Kahns zogen in den vornehmen Teil des XVII.
Arrondissements, das sich zwischen dem wohlhabenden XVI.
und dem populären Montmartre mit seinen Vergnügungsloka-

len erstreckt. Die Avenue Niel befindet sich in unmittelbarer Nähe des Étoile, im Schatten des Triumphbogens – eine Adresse, die später die Briefköpfe André Bretons zieren wird.

Im liberalen, großbürgerlichen Klima der Kaufmannsfamilie wurden die Kinder, Simone, Janine und Gaston, an eine gewisse Weltläufigkeit und Kontaktfreude gewöhnt und zur Selbständigkeit erzogen. Simone kam zwar nicht aus dem Intellektuellenmilieu, aber doch aus einer Familie, deren Geschichte ihre besondere Erfahrung von Wirklichkeit prägte: Die Grenzen zwischen Fiktion und wirklichen Verhältnissen wurden von Anfang an als fließend erlebt; Simone blieben ihre eigene geographische wie religiöse Herkunft abstrakt. An das Südamerika, über das die Eltern sprachen, und an Iquitos, die Stadt, deren exotischer Name in ihren Papieren stand, hatte sie keine Erinnerung. Die Kahns gehörten dem assimilierten jüdischen Großbürgertum an, die religöse Erziehung der Kinder spielte keine Rolle. Ausschlaggebend für die Sensibilität gegenüber den Wechselfällen der Geschichte sind schließlich die geographischen Ursprünge der Kahns: Die Familien der Eltern Blanche und Ferdinand stammten aus Elsaß-Lothringen, eine der französischen Regionen mit dem höchsten Anteil an jüdischer Bevölkerung. Als das Gebiet nach der Niederlage im preußisch-französischen Krieg 1871 dem deutschen Reich zufiel, wanderte ein Großteil der Juden ab und ließ sich als Ausdruck des Zugehörigkeitsgefühls zu Frankreich in Paris nieder. Elsaß-Lothringen blieb als Staatsgebilde ein Zwitterwesen, ein sogenanntes 'Reichsland' ohne politische Stimme. Diesem Mißtrauen begegneten seine Bewohner mit der wachsenden Forderung nach Autonomie. Deutschland betrieb eine aggressive Germanisierungspolitik; auf französischer Seite galt Straßburg als Symbol deutsch-französischer 'Erbfeindschaft'. In großen Teilen der Bevölkerung hatte aber eine Integration stattgefunden, derweil natio-

Simone Breton mit ihrer Cousine Denise Kahn

nale Kräfte den Krieg schürten, und als dieser 1914 begann, sahen sich Männer französischer Herkunft und deutscher Staatsangehörigkeit der Situation ausgeliefert, gegen die eigenen Landsleute antreten zu müssen. Um dem zu entgehen, emigrierten Yvan Goll wie auch Hans (Jean) Arp in die Schweiz. Max Ernst und Paul Éluard stellten im nachhinein fest, daß sie sich als Soldaten gegnerischer Armeen an der gleichen Frontlinie gegenübergestanden hatten. Als das Elsaß 1918 wieder an Frankreich fiel, hatten sich nach fast fünfzig Jahren deutscher Staatszugehörigkeit die Menschen und die nationalen Loyalitäten vermischt. Mißtrauen politischen Entscheidungen und Verheißungen gegenüber prägte das Lebensgefühl jener jungen Leute, denen sich Simone später anschließen sollte. Nicht nationale Grenzen bildeten verläßliche Instanzen, sondern kosmopolitisches, an kulturellen Werten orientiertes Denken.[3]

Auch Simones Cousine väterlicherseits, Denise Kahn, war im Grenzlandklima aufgewachsen – geboren wurde sie am 26. Juni 1896 in Sarreguemines –, hatte eine deutsche Schulbildung genossen, war perfekt zweisprachig und mit der deutschen wie der französischen Kultur gleichermaßen vertraut. Simone und sie wurden zu engen Vertrauten: Der lebendige Briefwechsel zwischen den beiden Cousinen ist wohl die aufschlußreichste Quelle, um etwas über das innere Befinden Simones, der strahlenden Frau neben Breton, zu erfahren. Das Verhältnis zwischen Simone und ihrer 1904 geborenen Schwester Janine war indessen stets komplizierter. Simone fand Janine schwierig und überempfindlich, zudem verhinderte der Altersunterschied von sieben Jahren größere Nähe. Als Janine gerade dem Kleinkindalter entwachsen war, hatte Simone bereits das Lesen für sich entdeckt und interessierte sich nicht länger fürs Spielen. Es blieb bei einer ungleichen Verteilung der Sympathien, auch wenn Simone und Janine innerhalb des gleichen Aktionsradius', dem der Surrealisten, später mehr miteinander zu tun hatten. Als Simone André Breton heiratete, war Janine eifersüchtig auf den Mann, der ihr die Schwester wegnahm. Daß sie später das gleiche Milieu suchte wie Simone, läßt darauf schließen, wie sehr sie dem Vorbild der großen Schwester, die sich ihr stets entzog, nacheiferte.

Die Ausbildung der Bürgerstöchter diente in erster Linie dem Ziel, sie auf ihre zukünftige Rolle als Ehefrau und Mutter vorzubereiten. Der Lehrstoff bestand weitgehend aus religiösen Schriften und Moraltraktaten. 1902 wurde der Mädchenbildung Latein als Unterrichtsfach hinzugefügt, die Voraussetzung, um überhaupt zum Baccalauréat, dem Abitur, zugelassen zu werden. Eine grundlegende Reform des französischen Bildungssystems, welche die Qualifikation der Frauen derjenigen der Männer angleicht, wird erst das Jahr 1924 bringen. Simone besuchte die *École de Villiers,* die Mädchengrundschule des Viertels, und die weiterführende *École secondaire.* Eine Lehrerin vermittelte Simone als erste, daß Literatur mehr als nur Genußmittel und Zeitvertreib sein kann, daß Lesen über Belesenheit hinausführen müsse. Gerade die Frauen, die an den Mädchenschulen unterrichteten, mußten ein geschärftes Bewußtsein gegenüber der gesellschaftlichen Wirklichkeit und für die Kluft zwischen ihrer professionellen Befähigung und den kärglichen realen Möglichkeiten entwickelt haben. Mit der Wahl eines Berufs hatten sie die sozialen Schranken zwar in eine Richtung durchbrochen, doch schloß dieser Fortschritt in der Regel ein Familienleben aus. Diese Frauen mögen unter ihrer Einsamkeit gelitten haben; sie waren zudem den Diskriminierungen ausgesetzt, die man 'alten Jungfern' und Blaustrümpfen entgegenbrachte. Eine Institution, die die Gleichstellung der Frauen vorantrieb, waren die 1867 von einem Professorenzusammenschluß ins Leben gerufenen *Cours de la Sorbonne,* die zur Vertiefung der zu Hause oder in der Schule erworbene Bildung dienen sollten.[4] Simone belegte Seminare am Institut für englische Literatur, die ihr zwar ein fundiertes Wissen verschafften, aber keinem Berufsziel dienten. Die regelmäßigen Universitätsbesuche waren jedoch vor allem deshalb attraktiv, weil sie ins VI. Arrondissement führten – in jenes Stadtviertel, in dem galerien- und caféhausgesäumte Straßen mit allerlei Vergnügungen lockten und das die Kunstbegeisterte magnetisch anzog. Dort fühlte sie sich in ihrem Element: „Wann immer ich im Quartier Latin bin, habe ich den Eindruck, daß dort das wahre Leben ist – das meine zweifellos –, und dann die Leute – die männliche Jugend, die dem Neuen zustrebt, indem sie zerstört." (9.7.1920) Galt das Künstlermilieu auch als verrufen, so war es doch chic, darin zu verkehren und dazuzugehören. Darüber hinaus führten die Wallfahrten ins kulturelle Leben auf einen großen, vielversprechenden Heiratsmarkt.

Als Adrienne Monnier im Jahre 1916 in der Nr. 7 der Rue de l'Odéon ihre Buchhandlung *La maison des amis des livres* eröffnete, die rasch zu einem Treffpunkt der Avantgarde avancierte, gehörte Simone bald zum Kreis der Stammkundinnen, die sich Bücher ausliehen und Lesungen besuchten. Ihre Freundinnen waren wie sie begeisterte Leserinnen, darunter die spätere Schriftstellerin Constance Colline-Clément.

„In dieser Buchhandlung sind immer viele junge Frauen: meistens Studentinnen mit einer Lesekarte. Zu zweit oder dritt kann man sie um die Regale herumstehen und das eine oder andere Buch herausziehen sehen, unter leisem Lachen oder mit kleinen Schreien, als würden sie zum Baden ins Wasser gehen, sie rufen sich einander ihre Namen zu, als könnten unsichtbare Fluten sie auseinanderreißen, meist heißen sie Colette oder Simone."[5]

Bei Adrienne Monnier, befreundet mit anerkannten Schriftstellern wie Paul Valéry, André Gide und Valéry Larbaud, fanden sie auch Bücher von Autoren, die beileibe nicht zum klassischen Kanon gehörten: Rimbaud, Baudelaire, Apollinaire oder Lautréamont. Deshalb ist es wahrscheinlich, daß Simone die Idole Bretons kannte, noch bevor sie diesen persönlich kennenlernte, und anders als er verfügte sie sogar über das nötige Kleingeld, um sich Bücher zu kaufen. Hier lagen Avantgarde-Zeitungen aus, auch die seit März 1919 von Breton, Aragon und Soupault herausgegebene Zeitschrift *Littérature*, in der sie sich mit ihren Texten präsentierten, nebst Beiträgen von Gide, Valéry, Max Jacob, Blaise Cendrars, Jean Paulhan, Pierre Réverdy und Léon-Paul Fargue. Breton ging bei Adrienne Monnier ein und aus, die sich erinnert:

„Bald hatten wir ausgedehnte Gespräche. Ich glaube, einer Meinung waren wir nie, nicht einmal über die Themen, bei denen es uns möglich gewesen wäre: Novalis, Rimbaud, den Okkultismus... Er hatte exklusive Ansichten, die mich

Adrienne Monnier in ihrer Buchhandlung, um 1916

befremdeten. Er war viel avancierter als ich. [...] Seine
Physiognomie paßte zu seinem Schreiben. Er sah gut aus,
war nicht von der Schönheit eines Engels, sondern eines
Erzengels. [...] Das Gesicht war stark und ausdrucksvoll;
die Haare trug er ziemlich lang und vornehm zurückge-
worfen; sein Blick auf die Welt und sogar auf sich selbst
blieb unzugänglich, wenig lebendig, hatte die Farbe von
Jade. Breton lächelte nicht, doch zuweilen brach er mitten
in seiner Rede in ein kurzes, sardonisches Lachen aus,
ohne eine Miene dabei zu verziehen, wie eine Frau, die um
ihr Aussehen besorgt ist. [...] Breton hat eine Gewalt, die
ihn zur Statue werden läßt, er ist ein Schwertträger. Er ist
von der bebenden Unbeweglichkeit eines Mediums."[6]

Am 11. April 1919 las Breton Gedichte von Valéry. Gut möglich, daß Simone die Dada-Veranstaltungen schon deshalb mit
Aufmerksamkeit verfolgte, da sie bereits an den Lippen des
auratischen Redners hing. „Zu den interessanten Dingen ge-

hört mein Besuch einer äußerst mißratenen Dada-Veranstaltung, was selbst die übelsten Dadaisten zugeben müssen, mit Radau, faulen Äpfeln und lautem Geschrei, Grobschlächtigkeit und Dürftigkeit, die einander nichts entschuldigen können" (1.6.1920). Bei nämlichem tumultuösen Abend muß es sich zweifellos um das Festival Dada am 26. Mai 1920 in der Salle Gaveau gehandelt haben. Im Rahmen des Programms verlas Breton die von Tzara, Picabia und Ribemont-Dessaignes verfaßten Dada-Manifeste, und das von Breton gemeinsam mit Soupault geschriebene Bühnenstück *Ihr werdet mich vergessen* kam zur Aufführung. Die Dadas schlachteten die heiligen Kühe des etablierten Literaturbetriebes, worüber Simone sich zwar nicht minder brüskiert zeigte als der Rest der Zuschauer, aber ihren Unmutsbekundungen läßt sich auch entnehmen, wie stolz sie darauf war, über die aktuellen Aktionen der Unruhestifter im Bilde zu sein. Deren vehementer Protest erschien ihr übertrieben. Ihre Herkunft aus einem toleranten Elternhaus ließ ihr die bürgerlichen Werte weit weniger fragwürdig erscheinen; jedenfalls sah sie in ihnen keinen Anlaß zu Ausschreitungen dieser Art. Das Kopfschütteln, mit dem sie Dadas Respektlosigkeiten begegnete, konnte jedoch nicht verbergen, daß diese auch eine Saite in ihr zum Schwingen brachten: Hier passierte endlich etwas! Die jungen Männer verliehen ihre Stimme dem Aufbruchswillen, der das Lebensgefühl ihrer Generation ausmachte, welche der alten Welt längst überdrüssig war. Die Negation der Dadas traf sich mit dem Ungenügen der jungen Frau, die unter den gegebenen gesellschaftlichen Umständen so recht kein Ziel für sich zu erkennen vermochte:

„Mein Leben ist ziemlich leer, meine ärmste Denise. Leer? Nein, das nicht. Bei allen Klagen, bei meiner ganzen Begeisterung und der Untätigkeit, die der Unzufriedenheit ent-

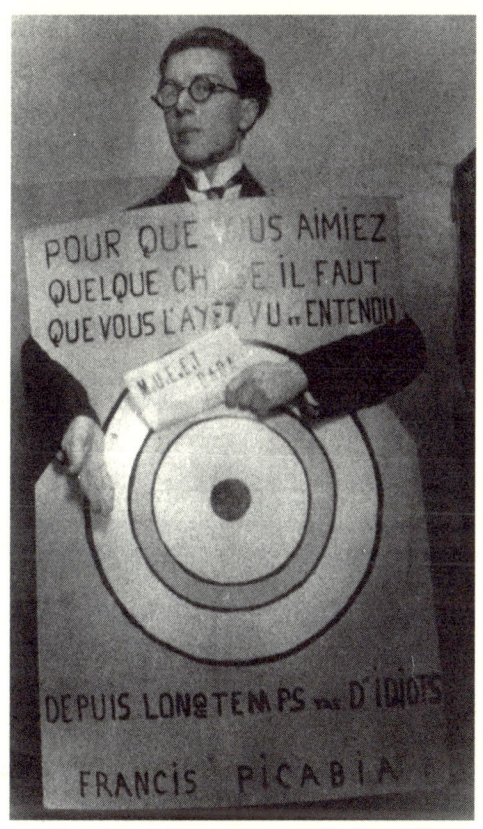

André Breton auf dem Festival Dada, 26. Mai 1920

springt, betrachte ich es als erfüllter denn manch ein anderes, das nur so wirkt. [...] Aber daraus werde ich mich zu
lösen wissen. Ich bin zum Handeln nur noch nicht fähig.
Ich arbeite kaum an mir: zwei bis drei Stunden Musik, englische, deutsche, spanische Lektüre. [...] All das ohne
große Begeisterung, solange es nicht in etwas aufgeht, worin es fruchtbar wird." (1.6.1920)

Leichter gesagt als getan. Simone lebte in Verhältnissen, die
sie zu keiner Veränderung zwangen, in der niemand beruf-

liche Entscheidungen von ihr verlangte. In den zwanziger Jahren war die Berufskarriere für Frauen noch eine Ausnahme; Simone hätte sich durchbeißen müssen, wozu ihr die Kraft fehlte. Als Ehefrau und Mutter sah sie sich auch nicht. Zwar waren alle ihre Erlösungsphantasien auf einen Mann gerichtet, aber Simone war eine Romantikerin. Ohne pragmatische Gedanken an einen Versorger zu verschwenden, träumte sie von einem Prinzen, der sie aus ihrem Dornröschenschlaf erlöste. Man ist überrascht zu erfahren, daß Simone bereits verlobt gewesen war, mit dem Literaturstudenten Maxime François-Poncet. Der junge Mann gefiel sich als Frauenheld, machte sogar einer Freundin von Simone Avancen und blieb eine kurze Episode in Simones Leben. Der unglücklichen Verlobung wurde durch den Krieg ein jähes Ende gesetzt: Maxime fiel am 4. Juni 1918.[7] Simone scheint nicht lange getrauert zu haben; in ihren Briefen ist bald keine Rede mehr von ihm. Im Grunde sehnte sie sich nicht nach einer Ehe mit einem Mann, der ihr ein Leben in altbekannten Bahnen geboten hätte. Sie suchte nach einer ungewöhnlichen und intensivierten Lebensform, die die Künstlerkreise aus der Ferne versprachen, und kultivierte den Traum von der großen Liebe, „die das Leben der Frauen bestimmt, in negativer Hinsicht, weil sie fehlt, in positiver Hinsicht, weil sie da ist" (1919). Nicht äußere, ökonomische Zwänge, sondern exzessive Selbstreflexionen gaben Simone den Anstoß zum Handeln.

„Doch es fällt so schwer, das Geflecht aus Denk- und Handlungsgewohnheiten durch eine neue Gewohnheit zu durchbrechen, die zuerst nur im Geiste existiert und für die Tat noch nicht reif ist. […] Dann die geistige Betätigung, das Bemühen, sie täglich zu steigern, die Freude, rückblickend einen Verständnis- oder Wissenszuwachs feststellen zu können. Und die Musik hüllt all dies in einen großartigen Gleichklang oder rasende Schwingungen, in denen der Geist mit Leidenschaft und das Herz mit Freude erfüllt wird, wo das 'Ich' sich fordert und sich vergißt, um künftigen Liebeswahn vorauszuahnen." (1919)

Aus Simones nächtlichen Zeilen spricht der Ennui einer höheren Tochter – Handarbeiten und Hausmusik waren nurmehr Zeitvertreib, solange sie keinem praktischen Zweck dienten, und die horizonterweiternde Lektüre schürte erst recht die Unzufriedenheit der Leserin. Die literarischen Kategorien erschienen verläßlicher als die politischen und gesellschaftlichen Vorgaben: „Ich betrachte mein Leben wie ein Buch – meine Freundin folgt mir darin auf jeder Seite" (31.7.1920), schrieb Simone an Denise. Die Liebe blieb vorerst noch eine Sehnsucht, aber:

„Das eigentlich Erlesene ist die Freundschaft. Ich zehre davon, seit ich auf der Welt bin. Ich betrachte meine Freundschaften als meine Werke. Sie bestimmen mein Gefühl, mein Tun und mein Leben, sie beflügeln meinen Geist. [...] Selbst dann, wenn sie enttäuschen, geben sie noch Schwung." (1919)
„Mein Sinn für Freundschaft. Meine interesselosen Absichten." (14.8.1919)

Letztere sind es, die die Freundschaft so entspannt sein lassen, frei von Hierarchien und Besitzansprüchen, welche das Geschlechterverhältnis komplizieren und in Frage stellen. Die Künstlerkreise der Avantgarde schienen Simones Ansprüchen entgegenzukommen: Die jungen Männer hatten sich das Neue auf die Fahnen geschrieben; sie waren eine intellektuelle Herausforderung, das Milieu versprach ein gewisses Maß an Öffentlichkeit und einen Nährboden für Freundschaften. Es ist kein Zufall, daß Simones Studienfreundinnen später die

Frauen namhafter Männer wurden: Sylvia heiratete nacheinander Georges Bataille und Jacques Lacan, ihre Schwester Rose wurde die Frau von André Masson. Simone gehörte zu jenem Typus von Frauen einer kleinen, weiblichen Bildungselite, die statt der bürgerlichen Sicherheiten einer Ehefrau einen ebenbürtigen Partner suchten.

BEGEGNUNG IM LUXEMBURGPARK

Für die aufgeschlossene Simone war André Breton kein Unbekannter mehr, als es zu einer Begegnung der beiden jungen Leute kam. Der Luxemburgpark bot sich Studenten und Studentinnen nach den Vorlesungen in der Sorbonne zu Spaziergängen an. Simone war mit ihren Freundinnen unterwegs, darunter Bianca Maklès, die Verlobte von Theodore Fraenkel. Wie Clara, die spätere Frau von André Malraux, gehörten sie „zu einer Freundinnenclique, die auf der Suche nach guten Partien war".[8] Fraenkel wiederum war ein Schulfreund Bretons. Immer wieder kreuzten sich die Wege der beiden jungen Männer: Während des Krieges taten beide als assistierende Lazarettärzte Dienst, 1915 in einer Kaserne in Nantes, 1917 dann im *Hôpital du Val-de-Grâce* in Paris; 1918 waren sie in derselben Kompanie im Saargebiet stationiert. Anders als Breton setzte Fraenkel sein Medizinstudium fort und praktizierte zeitlebens als Arzt. Seine Verlobte Bianca machte Simone Kahn und André Breton eines Tages miteinander bekannt:

> „Im Luxemburgpark schien die Sonne, als ich die drei Freunde ansprach. Breton war ein etwas bleicher und magerer junger Mann, der trotz seiner schlechten finanziellen Situation eine gewisse Eleganz wahrte. […] Sie müssen

wissen, ich bin kein Dada, sagte ich ihm von vornherein. – Ich auch nicht, gab er zurück, mit diesem Lächeln, das er sein Leben lang beibehielt, wenn er sich von seinen eigenen doktrinären Vorgaben distanzierte. Dann kamen wir in der Unterhaltung zu Themen, die uns lieb und teuer waren…" (31.7.1920)

Dieser erste Austausch brachte einen Stein ins Rollen: Fortan beherrschte Breton Simones Gedanken und wurde zum Protagonisten ihrer Briefe an die Cousine:

„Wirklich ein interessanter Typ. Ich weiß nicht, was das Leben mit unserer Zuneigung noch vorhat – ich fahre bald, aber im Oktober sehe ich ihn wieder – auf jeden Fall werde ich weiterhin die Sorbonne besuchen." (9.7.1920)

Der größte Reiz im regen Leben des Universitätsviertels hieß jetzt inoffiziell André Breton. Er gab der Vorstellung von der Liebe endlich ein Gesicht. Fraenkel arrangierte die ersten Rendezvous, und als Simone und André sich vor den Ferien noch einmal sahen, überreichte er ihr ein Exemplar der gerade erschienenen *Magnetischen Felder*, „mit einer beinahe zärtlichen Widmung".

„Übrigens hat dieser Typus mich stets beeindruckt. Du erinnerst Dich, daß ich fand, er wirke wie ein 'richtiger Mann'. Ich fühlte mich außerordentlich zu ihm hingezogen und war sehr neugierig… […] Aber ich fürchtete mich auch. Ich mußte mit dem Stricken aufhören, als er an jenem Tage endlich kam, so zitterten meine Hände." (31.7.1920)

Simone skizziert der Cousine die Wesensart Bretons sehr treffend:

„Ganz eigenwillige Dichterpersönlichkeit, hingerissen vom Außergewöhnlichen und Unmöglichen, ein rechtes Maß an Unausgeglichenheit, zusammengehalten durch einen scharfen, selbst im Unbewußten wirkenden Verstand, eindringlich, mit einer unbestreitbaren Originalität, der die umfassende literarische, philosophische und wissenschaftliche Bildung keinen Abbruch getan hat. Äußerste Schlichtheit und Aufrichtigkeit, noch im Widerspruch." (31.7.1920)

Simone war klar, daß sie sich in eine Ausnahmeerscheinung verliebt hatte, vor allem in den Homme de lettres. Ein Leben mit diesem Mann würde nicht nur die Erfüllung der Liebe bedeuten, sondern auch die Verwirklichung ihres großen Mädchentraumes, Literatur nicht nur zu lesen, sondern zu einem Bestandteil des eigenen Lebensentwurfs zu machen, ja, zum Kreise der Künstler und Intellektuellen dazuzugehören. Wann immer Simone in ihrem Leben vor Herzensentscheidungen stand, äußerte sie ihre Vorbehalte in Briefen, so auch in diesem Fall. Dabei hatte sie sich Breton längst mit fliegenden Fahnen ausgeliefert:

„Ich überlasse mich der Zukunft. [...] Ist es moralisch verwerflich, sich zu verändern? Ich will dies nicht länger glauben, und das beschäftigt mich mehr als die Ehrlichkeit mit mir selbst, die nicht so leicht ist wie die mit anderen, aber der einzige Weg, sein Leben gut und sicher zu entwerfen. Im Grunde kenne ich B. gar nicht. Wenn er mich liebt, so, weil er hingerissen ist, und nicht, weil er mich versteht – er interessiert mich lebhaft, aber ich habe mich in keiner Weise an ihn gebunden, außer durch die Hoffnung auf das, was man stets erwartet. – Wie wird das alles enden?" (31.7.1920)

Selbst gegenüber Denise wahrte Simone Zurückhaltung. Sie beobachtete, wartete ab, überließ die Werbung, wie es der Anstand gebot, dem Mann. Bretons doktrinäre Ansichten schätzte sie von Anfang an richtig ein und begegnete ihm sogleich mit der Warnung, von seinen Dada-Aktivitäten nicht viel zu halten. Als öffentliche Person strahlte er Autorität aus, seine einschüchternde und charismatische Erscheinung forderte Simones verehrende Zuneigung jedoch erst recht heraus, machte ihn zu dem 'richtigen Mann', von dem sie schwärmen konnte. Er hatte ihr Interesse schon lange aus der Ferne geweckt, bevor sie ihrer Freundin Bianca zu verstehen gab, wie gern sie ihn persönlich kennenlernen würde. Wenn Breton auch zu den Enfants terribles des aktuellen Geschehens gehörte, so entsprach sein solides Erscheinungsbild ganz dem bürgerlichen *comme il faut* und damit auch Simones Selbstverständnis. Die Vorstellung, sich in einen Dichter zu verlieben und seine Phantasien zu beflügeln, ihn zu inspirieren und selbst Thema seines Schreibens zu werden, stellten einen zusätzlichen Reiz dar. Der bezwingende Breton vermittelte ihr geradezu das Gefühl, auserwählt worden zu sein.

An welchem Punkt seines Lebens befand sich der Breton, mit dem Simone sich die Zukunft ausmalte? 1920 zählte er vierundzwanzig Jahre; sein Medizinstudium hatte er an den Nagel gehängt, seine Dada-Aktivitäten standen unter dem Vorzeichen umfassender Neuorientierung, die nicht allein seinen künstlerischen Werdegang betrafen, sondern seine gesamte Existenz. Die Kunst erschien ihm immer mehr als eine Lebensaufgabe. Gesellschaftliche Anerkennung und materielle Absicherung hingen davon ab, welchen Weg er einschlagen würde. Es war typisch für Breton, daß er in solchen Entscheidungsmomenten stets nach richtungsweisenden Vorbildern Ausschau hielt. Von weitem leuchtete ihm zu jener Zeit ein Leitstern: Tristan Tzara, geistiger Kopf von Dada Zürich. Bretons Briefe an ihn sind die reinsten Liebeserklärungen. Er stilisierte ihn geradezu zur Erlöserfigur und drängte ihn, mit Dada im Gepäck nach Paris zu kommen, forderte ihn auf, die Leitung von *Littérature* zu übernehmen. Als der lange Herbeigesehnte am 17. Januar 1920 schließlich in Paris eintraf, versprach sich Breton davon, daß die Entwicklung seiner künstlerisch-aktionistischen Bestrebungen Kontur gewönne. Resultat der Zusammenarbeit war die März-Nummer der Zeitschrift, die dreiundzwanzig Dada-Manifeste versammelte. Darin gipfelte jedoch bereits die Gemeinschaftsproduktion der beiden Männer. Bald kam es zu einem Zerwürfnis, das – im Hinblick auf Breton – zwei Ursachen hatte: Zum einen stürzte dieser seine Götter immer in dem Augenblick wieder vom Sockel, da ihm deren Konkurrenz zu bedrohlich wurde. Zum anderen zielten Bretons ästhetische Vorstellungen auf die Konstitution von Sinn; die Dada-Veranstaltungen aber traten für ihn bald auf der Stelle, denn wenn Dada eines nicht wollte, dann Sinn. Als radikale Verneinung hatte sich die Bewegung nach kurzer Zeit abgenutzt und verkam in Bretons Augen zum effekthascherischen Jahrmarktsbudenklamauk. So jedenfalls stellte es sich rückblickend für ihn dar.[9]

In der Suche des Künstlers nach einem Konzept zeigte sich aber vor allem das Bedürfnis des verunsicherten jungen Mannes nach Selbstdefinition – woran sich Breton später allerdings nicht mehr erinnern wollte. Im März 1920 trat er auf Drängen der Eltern, die ihren Sohn ohnehin lieber als zielstrebigen Medizinstudenten denn als windigen Literaten gesehen hätten, und durch die Vermittlung Paul Valérys einen Büroposten im Verlagshaus Gallimard an, wo er für den Vertrieb der *Nouvelle Revue Française* und die Erledigung der Abonnentenpost zuständig war. Aber auch dieser Tätigkeit stand Breton zwiespältig gegenüber. Einerseits schrieb er an seinen Vorgesetzten Jacques Rivière, den Direktor der *NRF,* er wolle seine

Ideen vollständig überdenken, und deutete an, daß er diesem dadurch näherkommen könne; andererseits gestand er Francis Picabia, daß ihn die Arbeit bei Gallimard anöde: „Sie wissen besser als jeder andere, wie sehr ich mich bei der *Nouvelle Revue Française* langweile."[10] Einerseits wollte er, ehrgeizig, wie er war, es sich mit den einflußreichen Honoratioren nicht verderben, andererseits haßte er den etablierten Literaturbetrieb aus tiefstem Herzen. In seinen an verschiedene Adressaten gerichteten Briefen entpuppt sich Breton als Opportunist, der sich in seiner Unentschiedenheit möglichst alle Türen offenhalten wollte. Als Zeugnis seines Einvernehmens mit der *NRF* erschien darin am 1.8.1920 sein Artikel *Pour Dada* (Für Dada), worauf Rivière mit *Reconnaissance à Dada* (Anerkennung für Dada) antwortete. Weitsichtig heißt es darin: „Die Dadas neigen weiterhin zu jenem Surrealismus, den Apollinaire anstrebte."[11]

Wenngleich ein Neuerer, war Breton traditionellen literarischen Wertvorstellungen verbunden, was auch seinen Surrealismus charakterisierte und ihn letztlich in die Nähe der Altvorderen der Literatur rückte. Picabia, der die schwankenden Loyalitäten des Ambitionierten durchschaute, schrieb seinerseits an Tzara, daß er die Launen dieses „vollendeten Komödianten" nicht länger tolerieren wolle.[12] Simone wiederum konnte Denise später berichten: „André hat sich auf aufsehenerregende Weise mit Tzara überworfen, nachdem er erkennen mußte, daß diese Figur der doppelzüngige Emporkömmling in Person ist." (5.1.1922) Hinter Bretons scheinbar berechnendem Verhalten verbarg sich jedoch auch die ganze Not eines Menschen, der sich langweilt. Schnell einer Sache überdrüssig, strebte er gleich der nächsten zu. Am Ende wurde Breton zur Verkörperung des Surrealismus und höchstpersönlich zu jener Instanz, die er außerhalb seiner selbst nicht finden konnte.

In dieser Phase innerer Zerrissenheit und drängender Entscheidungen trat Simone Kahn in Bretons Leben. Sie entsprach dem Schönheitsideal der Epoche, trug eine dichte, dunkelbraune, kinnlange Lockenfrisur und kleidete sich modebewußt; besonders auffallend war ihr strahlendes Lachen. Auf Bildern wirkt sie ungemein präsent, nicht weniger als Breton hatte sie Charisma. Vereint geben sie das Bild eines beinahe zu schönen und perfekten Paares ab. Ohne Liebe und Leidenschaft in Abrede stellen zu wollen, läßt sich erahnen, wie stark bei beiden Projektionen im Spiel waren. Sowohl Simone als auch André spiegelten sich auf narzißtische Weise ineinander: Weil Breton für Simone den Intellektuellen par excellence darstellte, fühlte sie sich durch seine Liebe in ihrer eigenen Intellektualität bestätigt; Bretons Suche nach einem Status wiederum fand Antwort in der Liebe zu einer Frau aus großbürgerlichem Hause. Es ist gut möglich, daß Simones kritische Haltung gegenüber den „systematischen Grausamkeiten, denen sich A. und seine Freunde damals auslieferten" (17.1.1921), Breton in seinen Loslösungsbestrebungen von Dada bestärkte. Sie war ihm eine ernstzunehmende Ansprechpartnerin, gesellschaftsfähig und keine jener Grisetten, Halbweltdamen und Fabelwesen des späteren surrealistischen Frauenkults. Kurz vor der Begegnung mit Simone war eine so kurze wie stürmische Liaison Bretons mit einer jungen Frau, Georgina Dubreuil, die er öfters in der Nähe seines Domizils (dem *Hôtel des Grands Hommes* auf der Anhöhe direkt neben dem Panthéon) beobachtet und eines Tages angesprochen hatte, im Desaster auseinandergegangen: „Eifersüchtig, hitzköpfig und besitzergreifend, machte sie ihrem Verhältnis nach sechs Monaten ein Ende, indem sie sein Hotelzimmer verwüstete. Inspiriert durch die Dadas selbst, hinterließ sie nichts als Schutt und Asche. Bücher von Apollinaire mit persönlicher Widmung, Zeichnungen von Jacques Vaché, an denen Breton

Simone Breton

sehr viel lag, zwei Derains, drei Gemälde von Marie Laurencin, ein Modigliani, Erinnerungsstücke, Photos, Briefe, alles vernichtet."[13] Derlei exzentrische Ausbrüche lagen der wohlerzogenen und beherrschten Simone fern. Georgina, die angeblich hellseherische Fähigkeiten besaß, sagte Breton eine bürgerliche Ehe voraus und prophezeite ihm, er werde dem Wahnsinn begegnen.[14] Er lachte nur darüber, aber es traf doch zu, daß die jungen Rebellen Bürgersöhne waren und den Konventionen, die sie ablehnten, trotzdem verhaftet blieben.

Mit Simone ließ Breton sich erstmals auf eine dauerhafte Liebesbeziehung ein. Inmitten der Dada-Turbulenzen und der beruflichen Unsicherheit öffnete sich ihm der 'Hafen der Ehe' als ein Ort der Stabilität. Für Simone war die unsichere ökonomische Situation des Zukünftigen kein Problem; als

Tochter aus betuchter Familie verschwendete sie an die materielle Versorgung durch einen Ehemann keinen Gedanken. Die Liebesheirat entsprach ihren Glücksvorstellungen, das allein zählte für sie.

Noch vor den Sommermonaten festigten sich die Bande zwischen André und Simone. Während Breton die Ferien bei seinen Eltern im bretonischen Lorient verbrachte, kam ein intensiver Briefwechsel in Gang. Der vertrauliche Ton in seinen Schreiben steigerte die Zuneigung der Adressatin. „Ist denn die Ehrlichkeit eines sich öffnenden Herzens nicht das beste Mittel, ein kluges und einfühlsames Geschöpf für sich zu gewinnen?"[15] Das Liebeswerben half Breton, sich selbst zu finden. Er versuchte, ein Bild der eigenen Person zu entwerfen, indem er über seine Position als Schriftsteller reflektierte und Zweifel an seinem bisherigen Tun anmeldete.

Wie auch immer Bretons Dada-Zeit zu bewerten ist – ob als Eskapade, Irrweg, Präsurrealismus –, es ist kein Zufall, daß seine ästhetischen Maximen in den Jahren zwischen 1920 und 1923 Gestalt annahmen, in denen Simone ihm psychologischen Rückhalt gab und die Ehe ihm einen verläßlichen sozialen Rahmen absteckte. Die Gefühle, derer die Liebenden sich gegenseitig brieflich versicherten, eröffneten neue Perspektiven: „Sagen Sie mir, woher kommt es, daß ein scheinbarer Menschenfeind wie ich nun das begehrt, was ihn ans Leben bindet?" (André an Simone Breton, 19.8.1920) Breton sah seine „kindliche Skepsis" (André an Simone Breton, 24.9.1920) schwinden; das Gefühl liebender Hinwendung erlebte der Überdrüssige als neuartige Erfahrung. Simone sah ihrerseits das Ende ihrer Kindheit gekommen. An Denise, deren Vermählung mit dem Arzt Georges Lévy am 12. August 1921 bevorstand, schrieb sie voller Pathos: „Wir sind nun in einem schöneren Universum, darin ist die Liebe ein Stern und die Kindheit meine untergehende Sonne" (15.7.1920).

André Breton mit Simone Kahn und ihrer
Cousine Denise Lévy in Sarreguemines,
September 1920

Mitte September sahen sich die beiden Briefschreiber bei
Denise im Elsaß wieder: „Sarreguemines bleibt ein Zauberwort für A. und mich. […] 'Denise' ist ein weiterer Bindestrich
zwischen uns." Simone hielt die Cousine über den Fortgang
der Liebesgeschichte auf dem laufenden.

„Wie soll ich beginnen, Dir von André zu erzählen? […]
Oder auch von der Art unserer Begegnungen. Gestern im
Cluny-Museum, beim Luxemburgpark, in einem völlig
unpassenden und verwirrenden Rahmen. Trotz alledem
konnten wir einige wichtige 'Schranken' durchbrechen. Die
Freundschaft entwickelt sich. Wir lernen, uns immer besser
zu verstehen, gemeinsame Vorstellungen zu erkennen, und

gewinnen andere, neue hinzu. Stell' Dir jedoch nichts Unterkühltes und Intellektuelles vor. Im Gegenteil, es ist von Liebe erfüllt und von Angst. [...] Stets bin ich in Sorge über die allgemeine Stimmung, die meine Eltern momentan verbreiten und die mir mehr zu schaffen macht, als ich dachte. Doch das bekümmert mich nur seinetwegen – es wird vorübergehen. Heute Abend haben wir über diese Hindernisse sprechen können, und das heißt soviel, wie sie überwunden zu haben." (7. 10. 1920)

Breton, weiterhin ohne feste Pariser Adresse, kam vorübergehend bei Soupault unter, der am Quai de Bourbon auf der Ile St.-Louis wohnte. So oft wie möglich besuchte Simone ihn dort. Die behutsame Annäherung der beiden Liebenden glich in nichts den chaotischen Amouren, die Breton hinter oder – einige Jahre später – noch vor sich hatte. Simone brachte Regelmäßigkeit in sein Leben – und Breton brachte willkommene Unregelmäßigkeit in das ihre, denn die Wiedersehen mit ihm stellten die Höhepunkte ihres Tagesablaufes dar:

„Oh! diese leeren Morgen- und Abendstunden! Gestern kam er, und es war wunderbar, vollkommen und glücklich, vielleicht zum ersten Mal seit meiner Rückkehr. Wie soll ich es ausdrücken? Dazu muß ich mir die Stille vorstellen, die Dich umgibt. Um halb drei breche ich also auf, zu Soupaults kleiner Wohnung, in der André im Moment alleine wohnt, auf einem Zwischengeschoß Richtung Seine, an einer Ecke der Ile St. Louis, das Fenster kaum höher als das Geländer. Ein Zimmer mit gelben Tapeten und einem blaugrünen Sofa, eine Wand voll Bücher. Zweimal ist er [Soupault] auch erschienen. Mir ist es unmöglich, etwas anderes zu denken. Was für Zeiten, Denise! Keine Leidenschaft, die ich nicht noch steigern könnte. Jeder Tag ist wie ein Sieg.

Wir waren sogar schon intim. Und ich schätze das Schweigen – Worte fallen wie schwere Wassertropfen eines bedächtigen Sommerregens, die sich im Raum vereinzeln, um fruchtbar zu werden. Das Großartige, worin ich mich verliere, verbietet mir zu sprechen. Ein Wort sagen, heißt tausend bereuen. Sprechen engt ein. Ich will jedoch, daß Du mich ins Unendliche begleitest. [...] Zehn Jahre denkt man an die Liebe, und wenn sie da ist, hat sie ein so ungeahnt schönes Gesicht, daß man glaubt, vollkommen willenlos abzudriften, in einem Schiff ohne Segel." (12.10.1920)

Trotz des Widerstandes beider Elternpaare ließen sich Simone und André in ihren Heiratsplänen nicht beirren. Bretons dominante Mutter fühlte sich zurückgesetzt und machte aus ihrer Eifersucht auf die zukünftige Schwiegertochter keinen Hehl. „Wenn Breton eine traurige Kindheit hatte, so ist dies vor allem seiner Mutter zuzuschreiben. Keinerlei Zuneigung empfand er gegenüber dieser Frau, die er als autoritär, knauserig, mißgünstig, auf Einmischung und gesellschaftlichen Erfolg bedacht schilderte, die er nicht lieben konnte, weil sie ihm zufolge nichts Liebenswertes besaß und es nicht lassen konnte, ihren Sohn zu beargwöhnen. Als Student mußte er ihr seine Bücherkäufe, seine Besuche der Poesie-Matineen im Théâtre Antoine oder Vieux-Colombier, seinen Gefallen an der Dichtung verheimlichen, als seien es Fehltritte. [...] Das bedeutete einen immerwährenden, offenen oder versteckten Konflikt, da Breton seinen Argwohn auf die Frauen projizierte, mit denen er sein Leben teilte. [...] Vor allen Dingen verband er mit dem Familienleben Einschränkung und Einsamkeit; seine von gesellschaftlicher Anerkennung abhängige Mutter verbot ihm den Umgang mit den Kindern des Viertels, die fröhlich auf der Straße spielten."[16] Während die Mutter Bretons psychologischen Druck ausübte, betrafen die

Einwände der Kahns die finanzielle Not des Schwiegersohnes in spe. Ihre erste Begegnung mit ihm bei der Aufführung eines russischen Balletts im *Théâtre de la Chauve-Souris* stand schon deshalb unter schlechtem Vorzeichen, weil Breton Ballettveranstaltungen verabscheute. Er gab sich keine Mühe, seine Langeweile zu verbergen, und blieb den ganzen Abend lang schlecht gelaunt. Ein anschließendes gemeinsames Diner in der Avenue Niel verlief ebenfalls wenig herzlich. Breton fühlte sich durch die familiäre Enge bedroht. Trotz ihrer Skepsis gegenüber dem schwierigen Kandidaten waren die Kahns auf das Glück ihrer Tochter bedacht und akzeptierten ihre Wahl. Simone wandte sich ihm und damit einer Welt zu, die den Eltern immer fremd blieb, auch wenn sie sich mit der Zeit aufgeschlossen zeigten und ihren Salon mit den von Simone ausgesuchten Gemälden schmückten.

Am Äußeren des jungen Mannes war nichts auszusetzen: Die Dadas waren allesamt elegante junge Burschen in Anzug, Schlips und Hut. Alle Regeln des Anstands wurden gewahrt. Außerdem bestand ja noch ein Rest Hoffnung, er könnte auf den rechten Weg zurückfinden und sein Medizinstudium zum Abschluß bringen – umsonst. Schließlich bestrickte Breton Mme Kahn mit seinem legendären Charme. Er überreichte ihr so preziöse Präsente wie einen Gehstock mit einem angewinkelten, elfenbeinernen Beinchen als Knauf, verabschiedete sich nie ohne Handkuß. „Bei jeder Gelegenheit zeigte sich Breton ehrerbietig den Frauen gegenüber und wahrte stets seine feine, etwas überkommene Galanterie. Nach seinem Vorbild wurde der Handkuß zu einem surrealistischen Ritual."[17] Den Kahns war klar, daß sie nicht nur ihre Tochter, der sie eine große Mitgift auf den Weg geben konnten, sondern vor allem den jungen Mann finanziell unter die Haube brachten.

Wenigstens hatte Breton inzwischen eine Anstellung bei Jacques Doucet, einem der führenden Modeschöpfer der

Belle Époque, gefunden, der als Kunstsammler und Mäzen und als Förderer der Surrealisten in die Literaturgeschichte eingehen sollte. Breton begann am 20. Dezember 1920 als sein Sekretär, wobei seine Aufgaben bald über Schreibarbeiten hinausgingen. Er avancierte zu einer Art Hofberichterstatter über das aktuelle Geschehen in den Pariser Künstlerkreisen und zu Doucets engem Berater in Sachen Kunstankauf, wofür er ein monatliches Salär von 500 Francs erhielt. An der anhaltenden Diskussion der Kahns über die materielle Versorgung der Tochter läßt sich ablesen, in welchem Maße die Eheschließung auch weiterhin von ökonomischen Faktoren abhing. Am 17. Juli 1921 schrieb Simone an Denise, daß Doucet Bretons Gehalt verdoppelt habe: Der Hochzeit stehe damit nichts mehr im Wege. Die Trauung fand ohne kirchliche Zeremonie am 15. September 1921 im Standesamt des XVII. Arrondissements, in der Rue des Batignolles statt. Trauzeugen waren Simones Bruder Gaston und Bretons väterlicher Freund Paul Valéry. Bretons indignierte Mutter blieb dem Ereignis fern, nur sein Vater reiste pflichtschuldigst an. Die Kahns besiegelten ihr Einverständnis mit der Vorauszahlung von Simones Erbteil in Form eines monatlichen Wechsels.

Licht und Schatten in der Rue Fontaine

Durch ihr inniges Verhältnis zur Literatur miteinander verbunden, bildeten die jungen Männer um André Breton eine Gemeinschaft, die ihnen eine Form der Geborgenheit bescherte. Für das traditionelle Paar aus Mann und Frau hingegen stellte die Konfrontation mit der Gruppe eine völlig neue Herausforderung dar. Selbst in den Flitterwochen, die Simone und André in Imst in Tirol verbrachten, konnte vom Augenblick ihres Eintreffens am 18. September 1921 an von Zweisamkeit keine Rede mehr sein. Die jungen Eheleute trafen dort auf Max Ernst und seine Frau Louise Straus, Hans Arp und Sophie Taeuber, Tristan Tzara und seine Freundin Maja Chrusecz; einige Tage später stießen noch Gala und Paul Éluard dazu. Die Reise führte Simone und André weiter nach Innsbruck, wo sie sich auf die Suche nach Antiquitäten begaben, schließlich nach Wien, wo Breton am Nachmittag des 10. Oktober zu Sigmund Freud pilgerte. Seine hochfliegenden Erwartungen wurden jedoch enttäuscht: Der Psychoanalytiker, dessen Erkenntnisse sich als so fruchtbar für den Surrealismus erwiesen, wich den Fragen seines Besuchers aus und speiste ihn mit Gemeinplätzen ab. „Aufgrund dieser mißglückten Begegnung verlor Breton nie seinen inneren Groll gegen Freud, über den er einzig aus Gründen intellektueller Höflichkeit freundlich sprach", schrieb Simone rückblickend.[18] Simone berauschte sich am Abwechslungsreichtum ihres neuen Lebens im Herzen jenes Milieus, das sie insgeheim längst als das ihre verbucht hatte. Sie erlebte die Welt der Künstler und Literaten als zur Wirklichkeit gewordene Welt der Bücher, die sie sich erschlossen hatte. „Mein Leben ist schön [...]. Alles ist gleichermaßen gut – auch das Schlechte." (5. 1. 1922)

Der aufkeimende Surrealismus war – wie Avantgardebewegungen überhaupt – eine in alle Lebensbereiche, soziale Bindungen und Umgangsformen eingreifende Existenzweise. Für den Künstler Breton gab es keinen Feierabend, verlief keine Trennlinie zwischen Beruf und Privatleben; von Simone wurden keine bürgerlichen Tugenden erwartet, wie etwa die Schaffung einer häuslichen Sphäre, in die er nach getaner Arbeit zurückkehren konnte. Ihr war die Rolle der solidarischen Partnerin ihres Mannes zugedacht. Das Haus, in dem sie wohnten, war Drehscheibe des Geschehens, dem sie sich gar nicht entziehen konnte. Atemlos hielt sie das Tempo, das Breton, von Profilierungsdruck getrieben, vorgab: „A. leidet sehr unter der Unsicherheit, in der ihn die fehlende Position läßt." (9.10.1920) Ein großes Unternehmen war die Organisation der Max-Ernst-Ausstellung in der Buchhandlung *Sans Pareil;* in der politisch angespannten Atmosphäre unmittelbar nach dem Kriege kam es einem Affront gleich, in Paris Bilder eines Deutschen zu zeigen. Breton hatte den noch in Köln wohnenden Max Ernst um Gemälde gebeten. Aragon erinnert sich:

„Fast täglich kam ein Paket bei André Breton in der Rue Delambre an. Mademoiselle Simone Kahn, André Breton und ich, manchmal auch Jacques Rigaut, besorgten Rahmen bei den Trödlern und Glas im Farbengeschäft auf dem Boulevard Edgar Quinet; wir rahmten alles im Hôtel des Écoles, ich habe noch vor Augen, wie Mademoiselle Kahn die Glasscheiben sorgfältig abwäscht, plötzlich gibt es eine Katastrophe: Ein Rahmen zerbricht beim Zusammennageln! Wir alle besaßen keinen Pfennig, und der Kauf von Bilderrahmen usw. stellte ein geradezu unlösbares Problem dar."[19]

An eine Fortsetzung der Sorbonne-Studien dachte Simone nun nicht mehr. Ihr jetziges Tun war ja ungleich intensiver als die bloße Lektüre. Ohnehin hatte sie nicht ernsthaft an einen Beruf gedacht, sondern an die Erfüllung der großen Liebe. Nun war sie verheiratet, und das entsprach letztlich auch der Erwartung einer Tochter aus bürgerlichem Hause.

Solange die Wohnungssuche der Bretons noch nicht von Erfolg gekrönt war, spielte sich das Leben der Frischvermählten zwischen Simones Elternhaus in der Avenue Niel und Andrés Hotelzimmer in der Rue Delambre mitten in Montparnasse ab.

André Breton
in der Rue Fontaine, 1921

„Seit drei Monaten lebe ich auf ganz lustige Art und Weise 'unter freiem Himmel' – im wahrsten Sinne des Wortes –, manchmal ist es unmöglich, das zu beschreiben. Mit meinen Eltern läuft alles gut. Sie sind sogar sehr nett zu A. und mir." (10.12.1921)

Zum neuen Jahr bezog das Paar schließlich eine zuvor von Jacques Rigauts Bruder bewohnte Bleibe unterhalb der Butte Montmartre, Rue Fontaine 42, in den kommenden Jahren Hauptschauplatz künstlerischer Experimentierfreude. Die Wohnung war relativ bescheiden; sie bestand aus zwei Zimmern, „einem voller Lärm und Licht, einem aus Stille und Schatten" (5.1.1921). Regelmäßig am späten Nachmittag setzte ein reges Kommen und Gehen ein: Junge Männer bevölkerten die Räume, „der eine mit einer Konservendose ausgerüstet, der andere ohne alles" (1965). Die Zusammenkünfte dehnten sich fast immer bis spät in die Nacht aus. Das Auf-

Simone Breton
(Aquarell von Picabia 1921)

bruchspathos der künftigen Surrealisten bestimmte das Tagesgeschehen. Ab September 1922 galten die gemeinsamen Sitzungen, an denen auch Simone regelmäßig teilnahm, den *sommeils,* den Schlafzuständen. Einer der Anwesenden wurde in Hypnose versetzt, um dann von den Umsitzenden befragt zu werden. Simones Versuch, Gegenwart und Intensität des ersten *sommeil* vom 25. September 1922 für Denise nachträglich heraufzubeschwören, nahm mehrere Tage in Anspruch und zeigt, mit welchem Ernst die jungen Leute das Experiment betrieben.

„… die Reise geht weiter und vereinnahmt mich so sehr, daß ich Dir nicht schreiben konnte, obwohl das mein tägliches Bedürfnis ist. […] Hier geschieht Unerhörtes. Aber es ist mühselig, darüber zu schreiben, wird leblos, und ich werde alles verfälschen. Du weißt nichts, solange Du nicht dabeigewesen bist. […] Spiritismus kann man es nicht nennen. Einige von Andrés Freunden haben an sich ganz verschiedene Eignungen zum Medium festgestellt. Die Rue Fontaine 42 wurde der Ort phantastischer Sitzungen, denen es nicht an Dramatik fehlte. Es ist finster. Wir sitzen alle schweigend um den Tisch herum und halten uns an den Händen. Nach kaum drei Minuten stößt Crevel bereits rauhe Seufzer und unartikulierte Rufe aus. Dann hebt er mit lauter, deklamatorischer Stimme zu einer grauslichen Erzählung an. Eine Frau hat ihren Mann ertränkt, aber er selbst hatte sie darum gebeten. 'Ah! Die Frösche! Arme Irre! Irrrrrrrre.' Grausame und beschwerte Äußerungen. Ungebändigt bis ins kleinste Bild. Auch ein paar Obszönitäten. Wie würdest Du es finden, diesen zarten, femininen Kleinen so sprechen zu hören? Nichts kann abscheulich genug sein. Um Dir ein Bild zu machen, denk an die schrecklichsten Passagen aus *Maldoror*. [...] Wir erleben die Gegenwart, die Vergangenheit und die Zukunft gleichzeitig. Nach jeder Sitzung sind wir so verstört und durcheinander, daß wir uns gegenseitig versprechen, nicht wieder anzufangen, und am nächsten Tag ist nichts stärker als der Wunsch, sich aufs Neue in dieser katastrophischen Atmosphäre einzufinden, wo sich alle mit derselben Angst an den Händen halten. Mit von der Partie sind die Éluards, Max Ernst, die Dir bekannten Freunde + Péret mit seiner Freundin sowie Leute, die vorbeischauen und zur Familie gehören. Wer sich verweigert wie Vitrac oder sich indifferent zeigt wie Baron wird unverzüglich in Quarantäne geschickt. Sie gehören einer anderen Welt an. Alles ist lächerlich, was nicht das Unendliche angeht – vom Allerschönsten habe ich Dir noch nicht berichtet. Stell Dir unsere Verblüffung vor, als sich von zwölf Anwesenden fünf in eine Art mysteriöse Agenten oder königliche Botschafter fremder Reiche verwandelten. Desnos läßt seinen Kopf wie vom Blitz getrof-

fen auf die Tischplatte sinken und schreibt. Er zeichnet
auch. Wir stellen ihm Fragen, er antwortet einem oder allen
in rätselhaften, symbolischen Worten, besser als die Wahrheit, wenn es nicht die Wahrheit selbst ist, eindrucksvoll
wie die Orakel der Sibyllen für die alten Griechen. Interessanter noch, denn keine nervöse Frau spricht, sondern ein
Dichter, der alles besitzt, was wir lieben und von dem wir
glauben, daß er sich mit der Sprache dem Leben annähert,
mit der Stirn auf dem Tisch erkennt er jeden von uns und
sagt, was ihm wesentlich erscheint. Péret? – Er wird in
einem Eisenbahnzug sterben, durch ein blaues Band. Gala
Éluard? – Schicksalsstunde am 25. Oktober 1926. – Éluard?
Der blaue Mensch, die Augen sanft wie die eines Babys.
Ernst? Verrückt – nach Honig. Keiner wußte von Ernsts
Vorliebe für Honig. Breton? – Der Äquator, der Golf-
strom… Simone? – Die schöne Geliebte. Ich fasse die Fragen sehr willkürlich zusammen, die Du in der Nummer 6
von *Littérature* findest und die ans Wunderbare grenzen.
Am Samstag etwa hat der schlafende Desnos auf die Frage
von Picabia hin ein Wortspiel fabriziert, vielleicht besser als
die bekannten von Duchamp, die für André und seine
Freunde eine wesentlicher Ausdruck des aktuellen Geistes
sind – ihren Mechanismus hat bislang niemand begriffen,
aber sie sind außerordentlich bewundernswert – hier ist es:
'Dans un temple en stuc de Pommes. Un pasteur destillait le
suc des psaumes.' (In einem Tempel aus Apfelstuck. Ein
Pastor destillierte Psalmensaft.) Das war absolut umwer-
fend. Mehr Persönlichkeit, mehr Begabung, mehr Kunstfer-
tigkeit."

Desnos alias Rose Sélavy widmet jedem eines seiner Wortspie-
le, Simone gelten gleich zwei: „Simone dans le silence pro-
voque le heurt des lances des démones" (Lautlos provoziert

Simone den Aufprall der Lanzen der Dämonen) und „Faites l'Aumône aux riches, puis sculptez dans la roche le simulacre de Simone" (Gebt Reichen Almosen und schlagt in den Felsen das Bildnis von Simone).[20]

„Da ist er endlich, der Dadaismus, aber was für einer! Am Ende ist das besser als alles andere. Da ist noch Péret. Péret macht eine wunderbare Reise (Du wirst es in Litt. Nr. 5 sehen) in eine Welt ohne Wasser, ohne Menschen und Tiere. Die Luft ist rosa. Dabei handelt es sich gar nicht um Luft. Pflanzen sprießen wie Haare, und große rote Eier springen herum, machen sich flach und gewinnen wieder ihre Form. Aber meine Zusammenfassung ist ärmlich. Péret, den Kopf in die Hände gestützt, antwortet aufgeregt und wie ein Engelchen auf die Fragen, mit sanftem Stimmchen, luftig, losgelöst, aus weiter Ferne. Diese dumme und vulgäre Person wird unverhofft zu einem geflügelten Wesen. [...] Gestern saß er aufrecht auf seinem Stuhl, als er ausrief: 'Potzblitz! Potzblitz! Ich bin ja eine Blume!' Tatsächlich, er ist eine Blume in einem bolivianischen Wald, auf einem blühenden Ast. Wir versuchen, ihn davon zu überzeugen, daß er verwelken und abfallen wird. Er gerät in Wut, und mit einem gewaltigen Faustschlag auf den Tisch erklärt er: 'Ich werde nicht fallen'. Dann zappelt er, wirft alles um und legt sich flach auf den Boden. Wir wecken ihn. [...] Es gab einen so schrecklich dramatischen Tag, daß ich in einen Heulkrampf verfiel und alle anderen auch weinten. Suzanne, Vitracs Freundin, erzählte mir von an die Nieren gehenden Unglücksfällen, sie spucke seit 8 Tagen Blut. Ich war mitgenommen. Dann gingen wir ins Atelier und bildeten eine Kette. Crevel schläft ein. Plötzlich scheint er schrecklich zu leiden, stößt Seufzer aus, jammert: 'Ah! Ich bin schwindsüchtig!', gefolgt von schrecklichem Gebrüll. 'Ihr werdet alle krank werden, einer nach dem anderen. Alle werdet ihr verrückt werden, alle. Wir treffen uns auf dem Dach wieder. Ich habe einen Fluch über dieses Haus ausgesprochen.' In diesem Augenblick streckt Suzanne ihre langen und weißen Arme in die Dunkelheit aus, mit weitgeöffneten Augen und starrem Blick, und ruft aus: 'Du hast Recht, René, du hast Recht. Wie geht es mir schlecht!' Und Crevel: 'Ich habe einen Fluch verhängt, einen Fluch. Alle werdet ihr sterben. Alle. An Schwindsucht. Ah! Ah!' Schmerzensschreie. So groß war das Entsetzen, daß seit diesem Moment der kleinste Zwischenfall an die Verfluchung erinnert. Verzweifelt wälzte ich mich auf dem Sofa herum. Niemand konnte sich dem entziehen. Als wir vorgestern von einer weiteren Sitzung bei einer Freundin von Picabia, Maria de la Hire, kamen und ich um 2 Uhr morgens in die Küche ging, zerschlug das Dachfenster und fiel mir auf den Kopf. Die Brille, die ich auf der Nase hatte, war verbogen und zerbrochen. Ich hatte nur eine Schramme am Kopf. Ich habe es geahnt, daß ich vor Schrecken irre werden kann. André und ich hatten nur einen Gedanken, Crevels Verfluchung. Zwei Tage vorher hat Max Ernst, der nie zuvor krank gewesen ist, angefangen Blut zu spucken. Éluard kam bleich und hustend bei mir an, und so ausgelaugt, daß er sich zum Ausruhen hierher verkrochen hat. Beim zweiten Mal sind wir beruhigter auseinandergegangen, weil Desnos so großartig war. Es war die Dachfenstergeschichte, die uns so in Aufruhr versetzt hat. Heute haben wir unser Gleichgewicht wiedergefunden. Aragon ist aus Berlin zurückgekehrt, und für ihn werden wir heute Abend oder morgen wieder anfangen. […] In einer solchen Atmosphäre leben wir also. Wir müssen stark sein." (5. und 9.10.1922)

Es ist interessant, daß Simone den wahren Dadaismus in den Traum-Diktaten verwirklicht sah, weil diese zusammenhangloser und assoziativer ausfielen als die Dada-Texte, in denen die sprachliche Pointe schließlich immer noch Sinn ergab. Ob das Bewußtsein bei den Hypnoseexperimenten komplett ausgeschaltet war, darf bezweifelt werden – die Lust an dramatischer Selbstinszenierung mag der Stimme des Unbewußten souffliert haben, ebenso wie im Verfahren des automatischen Schreibens entstandene Texte nachweislich vor der Veröffentlichung überarbeitet wurden.[21] Die Wahrheitsspiele heizten die Gruppendynamik enorm an; einerseits enthob das vorgebliche Sprechen aus dem Unterbewußten den Erzähler der Verantwortung, andererseits wurde jedes Wort als Wahrheit aufgefaßt. Auf diese Weise ließ sich das sonst Unaussprechliche mitteilen. Die Erkundungen des Unbewußten führten immer wieder zum Thema Sexualität:

„Es war amüsant, als ich Drieu fragte, ob er mit seiner Frau geschlafen habe, worauf er antwortete, er habe es beinahe vergebens versucht – und Morise, ob er im Augenblick verliebt sei, was er verneinte." (30.3.1922)

Die Antworten entsprachen mehr den Wunschphantasien als der sexuellen Praxis der Befragten. In dieser präsurrealistischen Experimentierphase entwickelte sich innerhalb der Gruppe eine Sprache der Träume. Während Péret lustige, bunte Phantasiegemälde entwarf, neigte Crevel zur Theatralik und überspannte den Bogen so weit, daß er eine Art Massenhysterie auslöste. Groß war der Schrecken der Versammelten; dabei wurde das Familienerlebnis der Gruppe durch die hervorgerufenen Angstgefühle aber noch gesteigert – man glaubte, zu einer Verschwörung zu gehören. Es war so schön, sich miteinander zu gruseln!

Im November 1922 durch eine Reise nach Barcelona unter-

brochen, wo die Bretons Picabias Gemäldeausstellung besuchten, wurden die Hypnosesitzungen, wenn auch in größeren und unregelmäßigen Abständen, nach ihrer Rückkehr
Ende des Monats wiederaufgenommen. Eines Abends schloß
der hypnotisierte Desnos die anderen im Zimmer ein und ließ
sich von deren Protesten erst erweichen, als Picabia sich an-
schickte, das Türschloß auszubauen. Ein anderes Mal jagte
Desnos, wilde Drohungen ausstoßend und mit einem Messer
herumfuchtelnd, Paul Éluard durch die Räume. Nur mühsam
war er wieder zu beruhigen. Solch eklatante Zwischenfälle
sind letztlich Ausdruck der Unstimmigkeiten, die sich zwischen einigen Gruppenmitgliedern ergeben hatten und der
Phase der *sommeils* ein Ende bereiteten. Simone, in sämtliche
Auseinandersetzungen hineingezogen, machte sie sich von
Anfang an zu eigen.

„Meine einzige geistige Betätigung gilt den Intrigen um
uns herum – und die sind so kompliziert, daß ich es Dir
nicht schreiben kann." (5.1.1922)
„Gegen Aragon bildet sich eine große Koalition. Einzig
Desnos und Morise zeigen sich großmütig. Alle anderen
sind ihn leid. Einige der Vorwürfe, die man ihm macht, sind
gerechtfertigt, andere sind abgefeimt." (19.4.1923)

Man warf Aragon Wichtigtuerei, Eitelkeit und sein ausgepräg-
tes Bedürfnis vor, im Mittelpunkt zu stehen. Die Meinungs-
verschiedenheiten gipfelten in Handgreiflichkeiten: Aragon
ohrfeigte Jacques Baron in aller Öffentlichkeit; Breton zog die
Konsequenzen, indem er aufhörte, für *Paris Journal* zu arbeiten, ein Blatt, das Aragon gerade zur literarischen Wochen-
zeitung ausbaute. Zu dieser Zeit verstärkten sich auch Bretons
Unpäßlichkeiten, stets Ausdruck seiner Unentschiedenheit
und von Selbstzweifeln. „André litt heute Nachmittag unter Mi-
gräne. Enervierende Leute hier, schnell rausgeschmissen. Ein

angenehmer Moment im Café, Diner mit Desnos, Aragon. Zu dritt gelingt ihnen eine ergiebige Unterhaltung." (25.3.1923) Am 6. Juli 1923 kam es dann anläßlich einer Aufführung von Tristan Tzaras *Cœur à gaz* (Das Gasherz) zu gewalttätigen Ausschreitungen. Pierre de Massot stürzte unvermittelt auf die Bühne und verkündete, daß Picasso auf dem Felde der Ehre gefallen sei. Als er sich weigerte, die Bühne zu verlassen, versetzte Breton ihm einen so heftigen Hieb mit seinem Spazierstock, daß er dabei Massot den Arm brach und Tzara schließlich die Polizei alarmierte. Von Anfang an hatte Simone sich immer hinter den bewunderten Breton gestellt, seine Anliegen als die ihren betrachtet, ohne die stets beschworene Entfaltung ihrer eigenen Persönlichkeit voranzutreiben.

> „Meine Liebe, Du bist die Einzige, die sich nicht gegen André stellt, weder durch den Lauf der Dinge, noch in Deinen Gedanken. Im Gegenteil: Deine Gedanken vermischen sich mit den seinen, um sie noch großartiger werden zu lassen." (17.1.1921)

Statt an sich selbst zu arbeiten, übertrug sie die Kreativität auf den Mann, zu dem sie aufschaute und an dessen Autorität sie glaubte. In Wirklichkeit hatte Simone schon kurz nach Beginn des Zusammenlebens mit Breton Anlaß zur Klage. Die Anliegen der Männer betrafen nicht ihre eigenen Interessen. Inmitten des bunten Geschehens fühlte sie sich grenzenlos allein.

> „Ich gebe mich zu sehr meinen Sorgen hin. Ich muß meine eigentliche Seele und meine mädchenhafte Unbefangenheit wiederfinden [...]. Ich hatte mit A. eine Unterhaltung über Freundschaft, seine Großzügigkeit usw… ziemlich traurig!" (25.7.1922)

Nicht lange, und Simone sollte sich über die Geister beschweren, die sie gerufen hatte – die atmosphärisch so verschiedenen Zimmer der gemeinsamen Wohnung schienen die Extreme wiederzugeben, zwischen denen sich Simones Leben in den Jahren der Ehe mit Breton abspielte: auf der einen Seite die turbulenten Gruppenunternehmungen, auf der anderen eine als schmerzlich empfundene Einsamkeit, ein ständiges Wechselbad der Gefühle. Vormittags versah Breton seine Arbeit in Jacques Doucets Bibliothek, und so blieb für Simone reichlich Zeit, ihren Beschäftigungen nachzugehen. Sie setzte fort, was sie schon immer getan hatte, stand spät auf, las, schrieb Briefe, handarbeitete, sinnierte auf dem Divan. Die Hausarbeit erledigte ein Hausmädchen. Oft wollten Simone diese Morgenstunden nicht schnell genug vergehen, und bald mußte sie entsetzt feststellen, daß sich ihr Leben kaum verändert hatte. Früher hatte sie noch in gespannter Erwartung das Haus verlassen, nun harrte sie aus, bis das Leben zu ihr über die Schwelle trat. Simones Berichte an die Cousine aus den Entwicklungsjahren des Surrealismus geben Auskunft über ihre ambivalenten Gefühle zwischen Stolz und Herabgesetztsein, zwischen Engagement und Unbeteiligtsein. Simone lebte eher in einem literarischen Atelier und Salon als in einer Privatwohnung. Das eigene Heim war zu einer Bühne täglicher Selbstdarstellung und der Befriedigung von Eitelkeiten geworden. Simone genoß zwar die Verehrung und ihren besonderen Status als 'Frau des Papstes' – doch ergab sich dieser Status über Breton, nicht kraft eigener Verdienste. Mitten im Zentrum des Geschehens, war sie zugleich davon ausgeschlossen, fühlte sich als Fremde in den eigenen vier Wänden.

„Diese Herren haben mich in mein Zimmer verbannt, um endlose Lesungen nach ihrem Gusto abzuhalten, Auric, Desnos, Morise, Aragon." (25.7.1922)
„In diesem Hause geht es schlimmer zu als auf einer Kreuzung. Keine Stunde ist man mal allein." (18.9.1923)

„...ich habe den ganzen Tag im Morgenmantel verbracht, lesend auf dem Sofa. André schrieb. Immer wieder der Surrealismus. In diesem Hause gedeihen wundervolle Geschichten, manche burlesk, manche tragisch. Desnos bringt die Sterne zum Sprechen, Morise macht ein neues Lexikon, André gab mir ein Heft von 400 Seiten voll Gold und Diamanten, das mich ganz erstrahlen läßt. Vitrac ist vergeistigt und feierlich. Aragon ist nicht gerade brillant. Péret kläglich." (1924)

Das war die Kehrseite der Medaille: Simone hatte eine ganze Schar von Männern zu Hause sitzen, die sich im Namen der Sache das Recht herausnahmen, über sie zu gebieten oder sich schlechterdings rücksichtlos zeigten. Als Privatperson mußten ihre Interessen hinter denen der Gruppe zurücktreten. „Da sind sie wieder. Sitzen wie brave Schüler um den Tisch herum. Wenn sie fertig sind, lesen sie. Manchmal kann man sich totlachen, vor allem über Morise, den Klassenkasper." Man muß sich dabei die Jugend dieser Männer vor Augen halten, von denen die meisten, darunter Aragon, Naville, Morise, Crevel, Desnos, Éluard, noch bei Mutter und Vater oder in der Militärkaserne wohnten und für die die Gruppe als Institution und die Rue Fontaine als Anlaufstelle deshalb um so wichtiger waren. Der lange herbeigesehnte küssende Prinz war ein Mann, dessen Interessen sich ehrgeizig und leidenschaftlich um seine Arbeit mit der Sprache drehten. Simone genoß die Verehrung und fühlte sich doch verkannt. Die Selbstinszenierung gefiel ihr, aber immer öfter machte sie dabei gute Miene zum bösen Spiel. An die Stelle der bürgerlichen Strukturen waren die Gesetze der Gruppe getreten, denen sie sich unterordnen mußte. Simone fühlte sich einsam, weil ihr inneres Leben sich von dem der Männer so sehr unterschied und kein Echo bei ihnen fand. Die Erkenntnis schockierte sie, daß das

Simone Breton

von Kunst durchtränkte Leben an der Seite Bretons, in dem sie sich geborgen glaubte, nicht das erhoffte Paradies auf Erden war. Selbst das Alleinsein war nicht mehr von gleicher Qualität wie früher: Während die in Zurückgezogenheit verbrachten Lektürestunden des Mädchens noch mit großartigen Erwartungen und verlockenden Glücksvorstellungen angefüllt gewesen waren, stand das Lesen nun unter dem Vorzeichen dahingeschwundener Zukunftsträume. Intimität suchte Simone in ihren Briefen an Denise.

„Ich bräuchte Ruhe und Erholung an Deiner Seite und müßte all die unklaren Dinge um mich herum analysieren, die mein Leben ausmachen ... Außerdem bin ich so entsetzlich allein, körperlich faul, kümmere mich nur um Äußerlichkeiten, und wenn ich mir das bewußt mache, hasse ich mich. Ich denke an Dich, wünschte, Du wärst in meiner Nähe, aber mir fehlt das Zauberwort, das Dich erscheinen ließe. Ich habe Dich sehr lieb, und ich weiß, daß Du Dich in mich hineinversetzen kannst. Es ist beschämend, ich habe die Kraft verloren, mit der ich seine Seele für mich gewinnen kann und die ich glaubte nie verspielen zu können. Genau besehen bin ich nicht gut verheiratet, gestehe es mir nur nicht immer ein. Du allein weißt, was ich sagen will. Ich müßte Dich unter vier Augen sprechen, doch bin ich nie für mich. Just in diesem noch verhältnismäßig ruhigen Moment laufen André, Desnos, Péret und Éluard lesend um mich herum. Selbst wenn niemand da ist, geistern die täglichen Schatten hier noch umher, um auf ihre Abwesenheit unangenehm aufmerksam zu machen. Verstehst Du, was ich meine? Weder woanders noch bei mir zu Hause bin ich genug ich selbst, um Dich zu treffen. In meinem Zimmer ist es kalt, [...] und wenn ich meinen Sekretär öffne, liegt da der Terminkalender. Meine kleine Denise, sollen sie krakeelen, ich schweige, um nur an Dich denken zu können. [...] Es geschehen zu viele Dinge um mich herum. Jeden Abend eine Lesung, ein Spiel, ein geistreiches Gespräch von packendem Interesse. Im Augenblick geht es um den Marquis de Sade. Was aber soll ich machen? Wenn ich dann alleine lese, erscheint mir das farblos." (11.1.1923)

So wurde in beiden Räumen der Wohnung in der Rue Fontaine Literaturgeschichte geschrieben: Während die Proto-Surrealisten auf der Sonnenseite der Wohnung lautstark zu

Simone Breton

Werke gingen, brachte Simone im Schattenzimmer eine andere Version des Geschehens zu Papier. Sie ließ Denise an ihrem
Pariser Leben teilhaben, das sie nicht nur als Privatgeschichte,
sondern als ein Geschehen von literaturgeschichtlicher Tragweite erlebte. Die Briefe an die Cousine funktionierten wie ein
Tagebuch, boten sowohl eine Ausdrucks- als auch eine Rück-
zugsmöglichkeit, wenn ihr der Austausch mit Breton versagt
blieb – Textmassen als Niederschlag ungelebten Lebens und
unausgesprochener Wünsche. Dichte, Abfolge, Menge und
Umfang der Briefe lassen ahnen, in welchem Maße Simone
ihre eigenen Belange zurückstellte. Doch die in den Briefen
geschaffene Nähe war trügerisch: Kein lebendiger Mensch,
ein Textkörper war das Gegenüber. Die Briefschreiberin blieb
so alleine wie ihre Adressatin – und Denise, die sich als Arzt-
gattin in Straßburg langweilte, kamen die Berichte aus der
Metropole nur gelegen. „Warum dieses jämmerliche Leben?
Wollt Ihr nicht eines Tages nach Paris kommen?" insistierte
Simone (11.1.1923).

„Es ist an der Zeit, daß Du mein Leben teilst. Meine ganze Zeit würde Dir gehören. Komfort, Vorteile, Annehmlichkeiten werden mir immer gleichgültiger. Die Bürger, Janine inbegriffen, sind mir ein Graus, abgesehen von meinen Eltern, denn die sind alt und gütig, wenngleich das Alter mir Schrecken einjagt." (19.12.1923)

Bald sollte Denise sich von ihrem Mann scheiden lassen und einen der damaligen Surrealisten, Pierre Naville, heiraten. Doch es scheint, als habe sie, nicht unmittelbar dem Kreise der männlichen Konkurrenz zugehörig, leichteres Spiel gehabt: Sie übersetzte deutsche Autoren ins Französische – Lichtenberg, Hölderlin, Huelsenbeck. Simone: „Auch ich will versuchen, mich diesen Winter intellektuell zu betätigen. Mein Englisch verbessern, lesen, etwas Geld verdienen. Diese Untätigkeit lähmt einen letztendlich." (18.9.1923) Doch kämpfte sie gegen ihre Antriebsschwäche erfolglos an: „In Wirklichkeit rühre ich mich nicht, anstatt Tennis zu spielen, Gymnastik zu treiben, Dinge, die ich mir immer vornehme, aber nie tue." (27.3.1924) Simone litt unter ihrem Phlegma, das durch die Verbannung in die schöne Pose noch unterstützt wurde, ihre Einsamkeit aber nicht linderte. Als eine Frau unter Männern erlebte Simone ihr Anderssein als Defizit. Sie zweifelte an ihrer Befähigung zum Schreiben literarischer Texte und beklagte ihre Passivität:

„Du bist ein Engel, weil Du mir so brav schreibst. Ich selbst schaffe es nicht so oft. Da unten hätte ich Buch über alles führen sollen, was Picabia mir tagtäglich erzählt hat. Aber ich bin nicht literarisch genug: Ich höre gerne zu, dann vergesse ich." (31.7.1922)

Das Reizklima der Avantgarde weckte in Simone den Wunsch zu schreiben und hemmte ihn zugleich. Die ausgegebenen

Spielregeln zu durchbrechen und die eigenen Phantasien zum Ausdruck zu bringen, hätte bedeutet, in ein Konkurrenzverhältnis zu Breton zu treten, für den sie ihre ursprüngliche Bewunderung bewahrte.

> „Wenn es, wie Platon sagt, eine Welt intelligibler Ideen gibt, die die Essenz unserer gesamten Wahrnehmung enthält, so nähert sich ihr niemand in dem Maße wie André. Kaum ist man ihm in seiner Begeisterung gefolgt, da ist er bereits über den Gegenstand seiner Begeisterung und über das, was er damit bewirkt hat, hinaus." (24. 12. 1922)

Breton ging mit dem Schreiben vieler seiner Kollegen hart ins Gericht, qualifizierte es als zu romanesk ab. Simone vermied es, sich dem gefürchteten Urteil ihres Mannes auszusetzen.

> „Mich ärgert, daß Desnos jenen Charakterzug Andrés provoziert, den ich am meisten fürchte: den Hang, jeder Enttäuschung gleich eine allgemeine und endgültige Bedeutung beizumessen." (29. 7. 1923)

André Breton versus Max Morise
– die ungleichen Gesichter der Liebe

In dieser Gemütsverfassung war Simone nur allzu empfänglich für Zeichen der Zuneigung. Max Morise war, wie Robert Desnos, Roger Vitrac und René Crevel, mit denen er die Avantgarde-Zeitschrift *Aventure* herausgab, im März 1922 zum Kreis um Breton gestoßen und hatte sich auf Anhieb in Simone verliebt. Er zögerte nicht, ihr den Hof zu machen; nach anfänglicher Zurückhaltung nahm sie seine Einladungen immer öfter an, schließlich fühlte sie sich in Gesellschaft des schmucken, zweiundzwanzigjährigen Mannes befreit und „jenseits aller Gesetze".

„Letztens bei den Éluards blieben wir lange hinter den anderen im Speisezimmer zurück. Er war sehr bewegt, und ich fühlte mich so wohl mit ihm, daß es uns schwerfiel, wieder zu den anderen zu stoßen." (19.4.1923)

Morise war „immer für mich da", er „schöpft Leben in meiner Gegenwart", zeigte sich „stets voller Gefühl", kurz, er besaß Qualitäten, die Simone bei ihrem Gatten nach eineinhalb Jahren des Zusammenlebens vermißte. Breton ließ Morise reichlich Raum, einen Platz in Simones Leben einzunehmen. Er „füllt die Leere, die André hinterläßt, der sich immer weniger für das äußere Leben interessiert" (19.4.1923) und es versäumte, sich mit seiner Frau auseinanderzusetzen. Konnte sie nicht schlafen, wanderten ihre Gedanken zu dem neuen Begleiter.

„Es freut mich zu sehen, daß sich zwischen Max Morise und mir eine echte Freundschaft entwickelt, in deren Licht ich jenen Sinn wiederaufleben sehe, den mir André im Hinblick auf Deinen Brief so heftig vorwarf. Ich hatte jenen Sinn verloren, der mir so wichtig war und den ich nicht mehr verspürt habe, seit ich verheiratet bin – die Freunde vernachlässigt oder abtrünnig, Du weit fort und von allerhand Alltagssorgen aufgesogen. Jenseits des gesellschaftlichen Rahmens fehlt mir jegliche Zuneigung, die rein seelisch ist oder über das Sexuelle hinausgeht. Die aber brauche ich. Ich war stets davon überzeugt, daß dies meine Persönlichkeit ausmachte, eine Art Kampf oder das Ergebnis eines Kampfes mit meinen freien Empfindungen." (11.1.1923)

Simone, Max Morise, Denise

Weil sie die Komplikationen eines durch Besitzansprüche und
Verlustängste beschwerten Liebesverhältnisses fürchtete,
sprach Simone von Freundschaft, doch die Beziehung zu Max
Morise ließ sich nicht länger als solche verharmlosen. Von
ihren Gefühlen wurde Simone eines anderen belehrt:

„All das ist wunderbar. Die Illusion von Freundschaft in der
Liebe war von jeher das Trugbild, von dem ich mich täu-
schen ließ. Würde ich mich so wohlfühlen, wenn er mich
mit aller Macht begehrte? Wenn ich mich darüber befrage,
wünsche ich es mir zuweilen. Manchmal möchte ich ihn
um die Zärtlichkeit und Fürsorge bitten, die André mir
nicht gibt. Diese Gedanken dienen nur dazu, die freund-
schaftlichen Gefühle, die wir Tag für Tag austauschen, zu
erhärten und zu verankern. André war über unsere Beziehung beunruhigt und begegnete mir in einer trockenen
und fremden Art. Doch ich habe mit ihm darüber gesprochen, und als er meine Offenheit erkannte, wurde er wieder zärtlich." (9. 4. 1923)

Bretons surrealistische Ambitionen gingen auf Kosten der Intimität mit Simone, und derweil seine Arbeit ihn ihr immer mehr entzog, warb Morise mit Nachdruck um sie.

„Ich weiß nicht, wie André darüber denkt. Er spricht mit mir nie davon. Und momentan ist er so verschlossen (wenngleich freundlich), daß ich wenig Lust habe, ihm von mir zu erzählen. Er weiß sehr wohl, daß ich ihn über alles liebe." (19.4.1923)

Die Vernachlässigte ließ den Verehrer – und sich selbst – nicht lange schmachten.

„Ich fühle mich wie ein junges Mädchen. Max' Liebesleid verwirrt mich so, als würde ich es selbst durchleben. André war gestern den ganzen Tag krank. [...] Es sind Küsse auf meinen Händen, die ich noch spüren kann, wenn ich die Augen schließe. Da ist dieses 'Simone', das er mehr verschluckt als ausspricht, und der Klang seiner Stimme, in dem man die ganze Konzentration seiner Seele vernimmt. [...] Ich liebe André. Ist das ein Grund, Max zu enttäuschen? Die Liebe hat viele Gesichter. Was ich gestern vor acht Tagen noch Freundschaft taufte, erscheint mir heute verändert. Ich sehe eine große Grausamkeit darin, sich systematisch einem einzigen Wesen hinzugeben, selbst wenn man es leidenschaftlich liebt. Warum sich den anderen Gefühlen verschließen? Die Liebe, die ich hervorrufe (wenn es sich um ein Wesen handelt, das ich mag), beeindruckt mich fast in dem Maße wie die, die ich empfinde." (16.7.1923)

Im Halbdunkel einer Theaterloge geschah, wonach Simone sich heimlich sehnte. Mit Max besuchte sie eine Wagneroper. Er erschien ihr an jenem Abend „schön wie im Buche".

„Während des letzten Aktes lehnten wir uns auf dem Kana-
pee zurück, und da nahmen die Dinge dann ihren Lauf. Es
war dunkel, die Walküren drehten sich im Raum, ganz nah.
Er liebkoste meine Hände, wie so oft. Würde er es jetzt
wagen? Wenn ich an den gestrigen Abend denke, kann ich
es nur erwarten. – So sagte er dann: 'Denken Sie nicht, ich
sollte endlich damit aufhören, diese Komödie zu spielen? –
Welche Komödie, Max, was meinen Sie? – Die Komödie, die
ich täglich spiele. Ich liebe Sie viel zu sehr, Simone.' – Ich
drückte mich stumm an ihn. So sagte er mir also, wie sehr er
mich liebe. Daß dies ihm das Leben schwer mache, er so
außerordentlich unglücklich sei, daß nur Liebenswürdig-
keiten von meiner Seite ihm nicht helfen könnten, er bei
jeder Begegnung mit mir ein wenig Glück verspüre, um
danach um so unglücklicher zu sein. Er hatte erwogen fort-
zugehen, um keinem von uns mehr zu begegnen. Nur ich
sei der Grund dafür. Er vermochte es nicht. Seine Verzweif-
lung war so groß, daß ich bereit war, ihn zu lieben. Ich
erzählte ihm von den zärtlichen Gefühlen, die ich für ihn
hege, obwohl ich gleichzeitig André liebe; er müsse die
Stärke haben, mich unter diesen Bedingungen zu lieben,
ich wolle ihn als meinen Freund, er müsse mir glauben, ich
würde nicht wagen, so nett und zärtlich zu ihm zu sein, wie
ich es wolle, weil ich Angst hätte, ihn zu verletzen, denn er
erwarte mehr von mir... Ich lag in seinen Armen. Er ließ
seinen Kopf auf meine Schulter gleiten. [...] 'Ich möchte Sie
küssen, Simone', da konnte ich schlecht widerstehen. Dann
ließ ich ihm meine Lippen. Wie glücklich er war, Denise!
[...] Ich habe André nichts davon gesagt. [...] Max sagte
mir, daß er André sehr gern habe, der für ihn über jedes
Gefühl von Neid und Eifersucht erhaben sei. [...] Ich liebe
André. Wunderbarer André. Trotzdem rührt mich die Liebe
von Max, und ich bin gern mit ihm zusammen." (1923)

Der schöne Max, die dramatische Kulisse, die ins Ohr geflüsterten Liebesschwüre – all das erfüllte fast zu perfekt ein romantisches Klischee und entsprach genau dem, wonach Simone sich sehnte, was sie sich aus schlechtem Gewissen aber nicht eingestand. Ein Max Morise gewidmeter Text Aragons aus dem Jahre 1913, *Die Französin,* scheint auf die gerade begonnene Romanze anzuspielen; in den Worten der Hauptfigur, einer zwischen Ehegatten und Liebhaber zerrissenen Frau, glaubt man, Simone zu vernehmen:

> „Deine Anwesenheit gibt meinem Mann eine gewisse Realität. Langsam wird mir wieder bewußt, was uns voneinander trennt. Jede Verzögerung hat ihren Wert, jedes Hindernis. Zwischen dem 19. und 23. werde ich einen Abend frei sein.“[22] – „Ich kann mich nicht zwischen Liebe und Kälte teilen. Das geht einfach nicht. Was willst Du, lieben ist doch keine Frage der Person. Es ist ja schon eine absurde Anomalie, daß ich Dir gewisse Privilegien reserviere.“[23]

Breton gegenüber wahrte Simone Stillschweigen. Angst vor der offenen Aussprache – die es zwischen den Eheleuten im Grunde genommen auch in anderen Angelegenheiten nicht gab – kann man ihr nicht verdenken; nicht nur sie sah in Breton einen Menschen, der es mit seiner Autorität keinem leicht machte, sich mit ihm ins Einvernehmen zu setzen. Bretons unnahbare Art erweckte den Eindruck, er lebte in höheren Sphären, in denen er vor so irdischen Gefühlen wie Eifersucht gefeit sei; seine tatsächliche Angreifbarkeit verrieten hingegen seine plötzlichen Migräneanfälle. Simone mied nicht zuletzt deshalb eine Aussprache, weil sie ahnte, wie wesentlich ihm ihre Treue war, da die eheliche Gemeinschaft innerhalb der vielköpfigen Gesellschaft einen Halt bedeutete: „Breton ist tatsächlich kein entschlossener Mensch. Bildet er ein Triumvirat mit Éluard und Aragon, die er zu Rate zieht, so ist da auch, diskret aber wirkungsvoll, Simone. Ihre Meinung wiegt viel. Breton unterscheidet sich von den anderen, weil er mit Simone das Bild eines beständigen, einigen, etablierten Paares abgibt, für diese jungen Lebemänner, die sich selbst suchen und sich in den amerikanischen Bars und den Bordellen verlieren."[24] „André Breton führt ein geregeltes Leben. Er liebt die abendlichen Streifzüge nicht und bleibt zu Hause bei Simone in seiner Atelierwohnung, Rue Fontaine 42, Aragon ist dagegen ein unverbesserlicher Nachtschwärmer."[25] Doch sollte sich noch deutlicher erweisen, daß die Ehe Breton Sicherheit verschaffte, Simone als Individuum aber von ihm übersehen wurde. Sein ambivalentes Verhältnis zur bürgerlichen Moral ging mit der Unfähigkeit einher, sich konsequent aus ihren Strukturen zu lösen. Die von der Avantgarde abgelehnten Traditionen ließen sich nicht in einem großen Rundumschlag abschaffen, weil sie in den Denk- und Verhaltensweisen der gesamten westlichen Kultur wurzelten.

Bedingungslose Transparenz war eine surrealistische Maxime, Verschwiegenheit hinsichtlich des Privaten wurde als kleinbürgerliche Untugend gebrandmarkt. Erlaubt war erklärtermaßen alles, wenn es nur ausgesprochen wurde. Eine solche Maxime zollte der Authentizität des Begehrens Anerkennung; es ist ein Verdienst der surrealistischen Liebeskonzeption, den Irrglauben gestürzt zu haben, daß die Ehe Leidenschaft und anhaltende sexuelle Attraktivität des Partners bei immerwährender gegenseitiger Treue bewahren könne. Als schwante ihm, was hinter seinem Rücken geschah, appellierte Breton wiederholt an seine Frau:

„Ich glaube, daß Du mir immer alle Deine Gedanken mitteilst, und ich versichere Dir, daß Du vor mir keine Heimlichkeiten haben mußt. Natürlich kann ich mich irren. Dann wirst Du es mir sagen." (8.11.1926)

Im Lichte der Öffentlichkeit jedoch ist Intimität keine mehr – und exakt die vermißte Simone in ihrer Ehe und in einem Heim, das zum Haus der offenen Tür geworden war. Ihr Verhältnis mit Max Morise bezog seinen Reiz genau aus dem als bürgerlich verfemten Liebesgeheimnis und stellte somit einen Verstoß gegen die surrealistischen Spielregeln dar, die für die Gruppenmitglieder zur neuen Norm geworden waren. Revolutionäre Liebespraxis, in der das Kollektiv vom Triebleben des einzelnen weiß, ist selten mit individuellen Bedürfnissen vereinbar, und so schaffte der surrealistische Zugriff auf Liebe und Sexualität nurmehr neue Zwänge. Verordnete Tabulosigkeit wurde als neue männliche Tugend zelebriert, aber in keinem Punkt schlug sich progressives Denken wirklich auf die Seite der Frauen und ihrer Bedürfnisse. Sexuelle Libertinage wurde einem bestimmten Frauentypus, nicht aber den Ehefrauen zugestanden, ganz abgesehen davon, daß das surrealistische Liebesgebot von Männern auf Männer zugeschnitten war und weiblichem Begehren gar nicht entsprach. Breton war für Simone attraktiv gewesen, weil er als der Homme de lettres auftrat, dessen Intellekt sie sich unterordnete.

„Oft denke ich, daß ich aus mir auch eine markantere Persönlichkeit hätte machen können. Doch ich habe dieses Anbetungsbedürfnis." (17.12.1923)
„Er macht mich traurig, und eigentlich ist das eine Schande. Selbstverachtung – das Bedauern, mir nicht mehr zu bedeuten, nicht mehr sein zu können. Mein Vertrauen basiert auf seiner Allwissenheit, er kennt mich besser als ich mich selbst, weiß, wonach ich täglich mit wachsender Unruhe suche, und derweil behandelt er mich so, als sei ich ein Kind. Dann meine ich, ich müßte mich umbringen oder irgend etwas anderes Außerordentliches tun, was aber nur ohne oder gegen ihn möglich wäre. [...] Hin und wieder

Simone Breton und Max Morise

kommt mir der Gedanke, was aus mir hätte werden können. Und dennoch, was außer dem Tod könnte ich mir
Schöneres wünschen, denn als Andrés ergebene Dienerin
zu enden." (24. 12. 1923)

„… mit Entsetzen muß ich sehen, wie unterschiedlich das
Bild meiner selbst ist, das wir beide im Kopf haben. Für
Mann und Frau ist die Liebe so unterschiedlich, daß man
darüber verzweifeln kann. Warum nur verspürt eine Frau,
die einen Mann liebt, den Drang, ihn über alles zu stellen,
der Mann dagegen degradiert die Frau, die er liebt, zu
einer Puppe, zu seinem Zeitvertreib als eine Art belebte
Materie. Wer mich so betrachtet, erniedrigt mich. Vielleicht
bin ich vermessen, dies anzunehmen. Doch nur so kann ich
mich anerkennen. Damit geben sie unseren Müttern Recht.
Ich kriege Lust, wegzulaufen oder zu sterben. Es gibt Frau-
en, die sich aufdrängen wie Gala. Sind sie stärker, intelli-

genter, haben sie mit Männern zu tun, die weniger intelligent sind als die, die uns beschäftigen? Mir kommt es immer so vor, als sei André der einzige Mann, demgegenüber ich eine so dumme Figur mache. Vielleicht besteht unsere Liebe aus dem Grunde, daß er meine Liebe als die einzige anerkennt, die seiner würdig ist. Doch warum dann wohl oder übel dies Mißverständnis in der Liebe, das Leiden macht? Dies Mißverständnis, das in der Liebe, die dem Glauben gleicht, einen Graben aus Zweifeln schafft?? Was tun?" (8.4.1924)

Simones Einsamkeit ließ sich denn auch nicht durch Sexualität lindern, die von den Surrealisten fälschlicherweise mit Subjektivität kurzgeschlossen wurde. Sie gestand Denise ihr allgemeines sexuelles Desinteresse:

> „Liebe machen entspricht überhaupt nicht dem, was ich im Leben suche." (27.3.1924) – „Es ist die Rede davon, aus Spaß mit jedem X-Beliebigen zu schlafen. Die Idee amüsiert mich, gefällt mir zuweilen. Aber ich weiß, daß sie nicht meinem Wesen entspricht." (April 1924)

Programmatischer Sex als avantgardistische Methode war möglicherweise ein weiteres aufregendes Gesellschaftsspiel, befriedigte das Bedürfnis nach menschlicher Nähe und Auseinandersetzung jedoch nicht. Vor allem aber schaffte er die Hierarchie zwischen den Geschlechtern nicht ab, die laut Konvention von der geistigen Überlegenheit des Mannes bestimmt wurde – ein Schema, an das sich auch Simone hielt und das sie Liebe als Unterordnung erleben ließ.

> „Eines Tages werde ich aufhören, Frau zu sein. Was mache ich dann auf der Welt? Vielleicht wird mich André von diesem Tag an nicht mehr lieben. Dann wird es mir eine große

Genugtuung sein, mich zu töten. [...] 'Eines Tages habe ich die Frau gewählt, die ich liebte.' So sprach er. Und diese Zeile sagt immer wieder das, was ich denke. André! Zum Glück gibt es diesen Menschen." (26. 10. 1923)

Simone war zweifach verunsichert: Sie war nicht nur eine untreue Ehefrau, sondern handelte mit ihrem Schweigen auch libertären Maximen zuwider, verstieß also gleichermaßen gegen bürgerliche wie auch surrealistische Werte. Sie war Partnerin eines Mannes, der ihr das Gefühl nahm, ein erotisches Geschöpf zu sein. Längst fühlte sie sich nicht mehr glücklich mit ihm, aber zuviel hatte sie zu verlieren: nicht nur den ihr angetrauten Mann, sondern eine ganze Welt. Simones Liebe wurde aufgespalten zwischen Körper und Geist: Ihre Zuneigung zu Morise entsprach ihrem Bedürfnis nach körperlicher Nähe und unmittelbarer Anerkennung, ihre Liebe für Breton kam grenzenloser Bewunderung gleich. Doch weder hier noch dort vermochte sie ihre Identität zu finden, denn die Rolle der aufschauenden Ehefrau entsprach ihr ebensowenig wie die Dauerpose der Geliebten. Simone war – ganz wie Breton – schnell von allem und jedem gelangweilt: „Max' vereinnahmende Liebe enerviert mich schon jetzt." (27. 3. 1924) Bei einem Zwiegespräch legte Roger Vitrac den Finger genau auf die Wunde.

„Er warf mir vor, mehr nach den Vorstellungen zu leben, die ich mir mache, als die Ideen nach meinem Leben auszurichten, [...] ohne mir dabei genau im klaren über meine Gefühle zu sein. Ich bekam feuchte Augen, und als er sich entschuldigte, flossen die Tränen." (8. 4. 1924)

SIMONE, RECHTE HAND DER SURREALISTEN

Die Experimente mit den Diktaten des Unbewußten waren Surrealismus *avant la lettre* gewesen; als Bewegung wurde er offiziell mit dem Manifest des Surrealismus 1924 ins Leben gerufen. Organ der Gruppe wurde *La Révolution surréaliste.* Am 11. Oktober 1924 öffnete dann das Büro für surrealistische Forschungen, Rue de Grenelle 15, seine Pforten. In *Eine Flut von Träumen* bezeichnet Aragon den Ort als „ein romantisches Asyl für alle jene Ideen, die sich jeder Einordnung in landläufige Kategorien widersetzen. [...] Alles, was in dieser verzweifelten Welt noch an Hoffnung übriggeblieben ist, richtet seine letzten verzückten Blicke auf unseren armseligen Laden: Eine neue Erklärung der Menschenrechte muß irgendwie auf die Beine gebracht werden, das ist das Ziel."[26] An den Nachmittagen stand die Zentrale dem Publikumsverkehr offen, im Vorfeld wurde in Form von Papillons und Pamphleten geworben, um breite Aufmerksamkeit zu wecken. Jeweils zwei der Gruppenmitglieder hatten Anwesenheitspflicht, um die neugierigen Besucher zu empfangen, die sich ein Bild von den Aktivitäten der Surrealisten machen wollten. Zusammen mit Jacques André Boiffard, Assistent von Man Ray, ferner Student der Medizin und erst kürzlich zu den Surrealisten gestoßen, versah Simone ihre Aufgabe erstmals am 12. Oktober 1924, übrigens als einzige ständige weibliche Mitarbeiterin der Zentrale.

Die regelmäßigen Sitzungen wurden minutiös protokolliert: „Besuch von Monsignore T. Fraenkel und seinem Regenschirm. (Es regnet nicht.)"[27] – aus surrealistischer Sicht eine bemerkenswerte kleine Absurdität. Die Logbücher legen von der bürokratischen Seite des Surrealismus Zeugnis ab, die nicht minder rigide war als die Ablehnung gesellschaftlicher Konventionen; schriftlich festgehalten wurde noch die Auffor-

Im Bureau Central des Recherches Surréalistes;
an der Schreibmaschine: Simone Breton

derung, keine Asche auf den Boden fallen zu lassen. Ohne
Nachsicht ahndete Breton unentschuldigtes Fehlen, was ihn
selbst jedoch nicht davon abhielt, kommentarlos fernzublei-
ben. Man Ray polemisierte über die immer stärker werdenden
Zwänge: „[...] man mußte eng mit der Gruppe zusammenar-
beiten und sich einen Genehmigungsstempel holen, mußte
das Werk unter der Schirmherrschaft der Gruppe vorlegen,
wenn man als Surrealist anerkannt werden wollte."[28]
   Simone war, als Gruppenmitglied und Ehefrau Bretons,
gleich zweifachem Druck ausgesetzt, protestierte aber „gegen
die Maßnahmen, die ständig gegen einige der Anwesenden
ergriffen werden, die sich gewisse undankbare Aufgaben auf-
gebürdet haben und die man wie Werkzeuge benutzt. Meines
Erachtens hält man sie über das Funktionieren von Zeitschrift
und Büro keineswegs auf dem Laufenden."[29] An Denise
schrieb sie: „Im Atelier sind sie dabei, die R.S. zu machen. –

André ruft nach mir. Ich bleibe bei Dir, meine Seele, meine Liebe, wenn ich mit Dir spreche, finde ich mich wieder." (28.6.1924)

Ständig eingespannt, mußte Simone sich doch eingestehen, daß sie mit dem Herzen nicht ganz bei der Sache war. Die Blicke der Männer ruhten nicht auf ihr, sondern auf der innerhalb der Gruppe eingenommenen Pose, in der sie gar nicht für sich, sondern für die Augen der anderen existierte. Mulier taceat in ecclesia – erst in der Zwiesprache mit Denise, einer anderen Frau, fand sie immer wieder zu einer Klärung ihrer Gedanken und dadurch zu einem Verhältnis zu sich selbst. Thirions Kompliment, Simone sei die aktivste und verdienteste Frau im Kreise der Surrealisten gewesen, ist zweischneidig, denn es bedeutet auch, daß sie in der Lage war, sich widerspruchslos unterzuordnen. Ihre Traumerzählung „Es geschah im Frühling"[30] in der Nummer 1 der *Révolution surréaliste* zeigt, wie perfekt sie auch die Formensprache im Rahmen des surrealistischen *comme il faut* beherrschte.

Über offizielle Funktionen hinaus diente das Surrealistenbüro indirekt als Kontaktbörse. Junge Leute mit künstlerischen oder politischen Ambitionen, Journalisten, Exzentriker fanden es schick, dort aufzukreuzen. Aragons Geliebte Nancy Cunard erschien; die Visite eines Philosophiestudenten namens Raymond Queneau wurde gleich im Oktober 1924 vermerkt – 1928 sollte er Simones Schwester Janine heiraten. Lise Meyer – als Lise Deharme Autorin seichter Romane – kam im Dezember in die Zentrale, und Breton war augenblicklich von ihr fasziniert. Er bat sie, als Visitenkarte einen ihrer blauen Handschuhe zu hinterlassen – ein surrealistischer Akt erster Güte, der Eingang in *Nadja* fand.[31]

„Ich bin im Atelier. André schreibt für die R.S. einen Artikel über Malerei. Aragon telephoniert auf Englisch mit seiner

Geliebten. Dann mit Lise Meyer. Eines Nachmittags habe ich diese Person zum erstenmal unter vier Augen gesehen. Wir waren uns sehr sympathisch, und sie teilte André mit, daß sie mich 'bewundernswert' fände." (21.7.1925)

Indem Breton seine Frau zur Komplizin seiner Gefühle machte, behandelte er sie wie einen Freund, einen Mann – es schien förmlich, als brauche er Simones Zustimmung zu seinen Seitensprüngen. Vor Simones Augen entstand zwischen Breton und Lise Meyer ein Liebesverhältnis, das während eines Sommeraufenthaltes in Biarritz zum Eklat führte:

„Seit einigen Wochen leben wir auf einigermaßen absurde Weise, Max, Janine, André und ich. André weiterhin schrecklich dem Willen L.M.s ausgeliefert – ein beklagenswertes Geschick, das sich gegen alles wendet, was besser wäre. Wie wird er da wieder herausfinden? Wird er herausfinden? Ich bin in dieser Angelegenheit nie parteiisch gewesen, aber seit einiger Zeit denke ich nicht mehr gut von dieser Frau – von der ich glaube, daß sie alles Gute verrät – innerhalb und außerhalb ihrer selbst. Ich habe den Eindruck, daß sie mir mit ihrem Tun nur schaden will – was unter den gegebenen Umständen nur von einem niederen Charakter zeugt. Immer habe ich größten Respekt für das gezeigt, was sich zwischen ihr und André abspielte. Zeitweilig glaubte ich, daß sie auf der gleichen Ebene Frau sei wie ich. Das glaube ich jetzt nicht mehr – sie ist vor allem Frau. Was tut sie? Mit welchem Ziel? Welchen Sinn hat es, André derart zu mißbrauchen? Momentan mache ich mir mehr Sorgen um ihn als um mich, und mich überkommt Angst, wenn ich ihn von Kräften gefangen sehe, die seiner nicht würdig sind und nur deshalb über ihn triumphieren können. Ich indessen bin stets hin- und hergerissen zwischen außerordentlicher Zuversicht und einem Zweifel, der mich in grenzenlose Hoffnungslosigkeit hineinführt." (Juli 1925)

Drei Tage später schrieb sie: „Es hat sich alles zum Schlechteren gewendet. [...] Ich glaube, heute hat André den Entschluß gefaßt, L. M. nicht mehr zu treffen und Schluß zu machen."
Auch die sich stets distanziert gebende Simone hatte sich mittlerweile aus der Reserve locken lassen. Bereits am Abend nach der ersten Sitzung in der Zentrale berichtete sie nach Straßburg:

„Ich glaube, daß Boiffard mich begehrt und verehrt, er tut alles, es mir zu verstehen zu geben, aber ich weiß weder, wohin das führt, noch, welchen Platz diese Liebe in seinen Gedanken und in seinem Leben einnimmt. Ich bin gespalten zwischen dem Bedürfnis, mit Haut und Haar geliebt zu werden und der Hoffnung, daß es für ihn keine allzu ernste Sache sein mag. Voilà –" (12. 10. 1924).

Auch diesmal war Simones wortreicher Widerstand schnell gebrochen:

„Ich bin entschlossen, so weit zu gehen, wie er will. Vielleicht erwarte ich mehr davon, als ich mir eingestehe. Im Angesicht der Liebe ist ein Mann für mich nur eine Inkarnation. Ich bin vor allem davon überzeugt, daß nur eine bestimmte Kategorie von Männern mich zu lieben vermag. Jacques ist ein ausnehmend weiches und rührendes Geschöpf. Sehr geheimnisvoll, abwesend, ja wirr. Leidenschaftlicher, als man glauben mag." (30. 11. 1924)

Wenngleich sich Simone, der traditionellen Frauenrolle entsprechend, stets abwartend verhielt, schien sie doch auch auf den Geschmack gekommen zu sein. Das Spiel mit der Ver-

Jacques Boiffard

führung bot jedoch nicht die gleiche Befriedigung wie die platonische Idee von der ewigen, großen Liebe, die nach wie vor André hieß.

> „Trotz seiner Müdigkeit ist er wieder wundervoll zu mir, so zärtlich und heiter und so einfühlsam, es schmilzt mir das Herz, wenn ich daran denke, daß er derart sein kann. [...] André ist ein großes Gebirge." (30.11.1924)

Das noble Gefühl wurde immer wieder dann verletzt, wenn Simone bewußt wurde, daß sie nicht mit der Ausschließlichkeit geliebt wurde, die sie von Breton erwartete.

> „Mich schmerzt nicht, daß André sich mit anderen Frauen vergnügt, sondern daß er mich betrachtet wie diese. Mein Leiden entspringt höheren Beweggründen; Eifersucht kann man es nicht nennen – es ist vielmehr das Gefühl meiner Unwürdigkeit. Ich verachte das Vergnügen, trotzdem

macht es mir nichts aus, Objekt des Vergnügens zu sein. Wenn André mich um meiner Schönheit oder meiner Fröhlichkeit willen liebt, was habe ich dann von dieser Liebe? Dann könnte ich ebenso mit meiner Liebe alleinbleiben. Und dies ist die einzige Antwort, die mir das Leben gibt: sich damit zufriedengeben, mit seiner Liebe allein zu sein. Darum wissen oder sterben –" (April 1924).

Dem Intermezzo mit Lise Meyer folgte unverzüglich die nächste Affäre. Der Zufall spielte Breton eine Frau in die Arme, mit der er nur knappe zwei Wochen verbrachte, der er jedoch literarische Ewigkeit verlieh. Nadja entsprach besser als jede andere Frau zuvor seinem Ideal der besinnungslosen Leidenschaft. Die Vierundzwanzigjährige kreuzte am 4. Oktober 1926 in der Rue Lafayette Bretons Weg. Inmitten der hastenden Menge war sie ihm aufgefallen, und er konnte nicht anders, als sie anzusprechen. Nadja, verarmt, aus ungeordneten Verhältnissen, löste bei ihm sogleich Sympathie für das Opfer der Gesellschaft aus. Völlig hingerissen war er von ihrer assoziativen Phantasie, die an die Methode des automatischen Schreibens erinnerte und die er glorifizierte, ohne recht sehen zu wollen, daß sie in Nadjas ernstlichen psychischen Störungen gründete. Auf die Frage, wer sie sei, gab sie ihm zur Antwort: „Ich bin die wandernde Seele."[32] An mehreren aufeinanderfolgenden Tagen verabredete sich Breton mit Nadja, und sie ließen sich durch die Pariser Straßen treiben. Minutiös unterrichtete er seine Freunde und Simone, die sich gerade in Straßburg aufhielt, über die unvorhergesehene Bekanntschaft:

„Wieder erzähle ich Dir von Nadja. Ich erzähle Dir sogar auf besondere Art von ihr. Das heißt sogleich in einem Wort, was tun? Ich hatte erneute Unterhaltungen mit ihr, und jedesmal frage ich mich, wem ich sie zu verdanken habe, meinem

Jähzorn, meiner Sanftmut, meiner Langeweile oder dieser zwangsläufig ungerechten Idee, die ich von ihrer Herzlosigkeit und ihrer Uneigennützigkeit habe." (8.11.1926)

Mit Zustimmung seiner Frau verkaufte Breton ein Gemälde, um Nadja aus ihrer Geldnot zu helfen und von der Idee abzubringen, sich zu prostituieren. Die Toleranz, die Simone abverlangt wurde, unterschied sich kaum von der Duldsamkeit, die seit je als eine Tugend der treuen Ehefrau galt. „Als er mit Simone und Denise (von Naville wissen wir, daß sie dabeigewesen ist) aus dem Taxi steigt und sie gerade von Nadja sprechen, entdeckt er sie plötzlich am Anfang der Rue Saint-Georges, holt sie ein, als sie eben mit einem Unbekannten spricht."[33] Simone schrieb: „André brachte Nadja vorgestern in die Galerie mit. [...] Wirklich eine merkwürdige Frau" (7.10.1926). Nadja war verlegen und unbeholfen, Simone freundlich und zuvorkommend; sie respektierte die Bedeutung, die Breton der Unbekannten beimaß – eine Geduldsprobe, die sie nur bestehen konnte, wenn sie Nadja nicht als Konkurrentin, sondern als surrealistisches Medium begriff. Breton hatte ihr erklärt:

„Ich liebe diese Frau nicht, und wahrscheinlich werde ich sie niemals lieben. Allein, sie ist imstande, alle meine Vorlieben und meine Art zu lieben anzusprechen, Du weißt warum. Doch deshalb ist sie nicht minder gefährlich."[34]

Nach ein paar Tagen war die Episode beendet, doch sie hatte Breton gezeigt, welche Kompromißlosigkeit er von der Liebe erwartete, „sich nach nichts anderem zu richten als der reinen Intuition und ununterbrochen an das Wunder zu glauben."[35] Sinnbildlich dafür steht die in *Nadja* beschriebene abendliche Autofahrt von Versailles nach Paris, bei der seine Begleiterin ihm, der am Steuer sitzt, den Fuß aufs Gaspedal drückt und beide Hände vor die Augen legt. Sie wollte, „daß wir im Vergessen, das ein endloser Kuß gewährt, und zweifellos für alle Ewigkeit nur mehr einer für den anderen existierten und so in voller Fahrt auf die schönen Bäume zusteuerten. Welch eine Probe für die Liebe, in der Tat!"[36] Breton, der in Varengeville in der Nähe von Dieppe in Klausur gegangen war, um *Nadja* zu schreiben, eröffnete Simone, die sich ihrerseits mit den Tanguys, Morise und Marcel Noll an der Kanalküste aufhielt, er fühle sich nun „völlig umnebelt" und trotz der Lebensenergien, die Nadja ihm gebe, „mit aller Gewalt von dem angezogen, was ihn vom Leben entferne" (André an Simone Breton, 9.7.1926). Aragon, der sich zu diesem Zeitpunkt mit Nancy Cunard ebenfalls in Varengeville aufhielt, erlebte Breton als bedrückt und melancholisch. Breton wußte, daß sich mit einer Nadja, die ein literarisches Phänomen für ihn war, auf Dauer nicht leben ließ; gleichzeitig wurde er sich über die Unmöglichkeit der Fortsetzung einer Liebesbeziehung klar, die lauter Kompromisse von ihm forderte. „Dieses Desaster betrifft mich genauso wie sie, und deshalb all jene, die ich liebe." (André an Simone Breton, 8.11.1926) Die Begegnung mit Nadja erhärtete Bretons mythische Auffassung von der Liebe, nach der sie im Wechseln der geliebten Personen zeitlicher Ausdruck eines Überzeitlichen ist:

> „Ich bin der festen Überzeugung, daß nichts so ernst genommen zu werden verdient wie das Liebesleben: abgesehen einmal davon, daß ich mir seine möglichen sozialen Konsequenzen niemals verhehle, fiele es mir nicht ein zu vergessen, daß es, wiederum vom materialistischen Standpunkt, 'das eigene Wesen ist, das jeder beim anderen sucht' (Engels)."[37]

So erfuhr Breton die Liebe zu einer Frau jedesmal als pathetische Wiederauferstehung seiner eigenen Lebensgeister. In-

Simone Breton, 1927

dem er seine Gefühle ästhetisierte und mystifizierte, vermochte er sie gleichsam unter Kontrolle zu halten.

Zwar sprach auch Simone von der 'Inkarnation der Liebe' in einem Mann, litt aber unter der Dauerkonkurrenz und unterdrückte ihre Eifersucht, um nicht konventionell zu handeln und zu empfinden. Gleichzeitig warnte sie ihre Cousine vor Aragons Liebeswerben aus der auf eigener Erfahrung beruhenden Erkenntnis heraus, daß die Worte des Sprachverliebten weniger Denise als der Befriedigung seiner Eitelkeiten galten.[38] Denise verbirgt sich hinter der Bérénice in Aragons Roman *Anicet oder das Panorama* und der geheimnisvollen 'Dame des Buttes-Chaumont' im *Pariser Landleben*.

„Zuweilen denke ich an Deine Geschichte mit Aragon. Ich kann nicht umhin zu meinen, daß Sie Dir nicht guttut. Was mich angeht (und Dich), so betrachte ich die Liebe immer mehr als einen Weg, der zu etwas anderem führt, ebenso wie die Musik, die Poesie. So wie bestimmte Noten, bestimmte Verse der richtige Weg sind. – [...] Was Ar. angeht, so sehe ich weder, daß Du wirklich das Thema seiner Worte bist, die Du mir wiedergibst, noch der Grund für sein Zögern, wie Du mir anvertraust. Du müßtest Dich zweiteilen." (3.10.1924)

„Hin und wieder mache ich mir wegen meines Benehmens gegenüber Ar. Vorwürfe. Denke nicht, daß ich Dich jemals tadeln oder Hintergedanken gegen Dich hegen werde. Vielleicht habe ich an Dich zu hohe Ansprüche, weil ich so viel von Dir halte."

„Versteht Ihr Euch wirklich nicht mehr, Georges und Du? [...] Aber ich bin ihm [Aragon] gegenüber nicht sehr offen. Warum verhält er sich denn so anders, wenn er nicht mehr mit Dir zusammen ist? Wahrscheinlich traue ich ihm nicht. Sind seine Gefühle von Deiner Gegenwart abhängig? Aber vielleicht ist alles falsch, was ich darüber denke. Max glaubt an ihn. Und was weiß man schon von den Leuten. Heute abend finde ich ihn ganz nett." (12.10.1924)

SUZANNE MUZARD

Im November 1927, Breton hatte gerade das *Nadja*-Manuskript abgeschlossen, traf er in seinem Stammcafé, dem *Cyrano* an der Place Clichy, einen Bekannten, den Romancier Emmanuel Berl. Dieser war in Begleitung seiner Geliebten, Suzanne Muzard. Es dauerte keinen Monat, da brachen Breton und Suzanne vereint an die Côte d'Azur auf – nicht ohne vorher Simones offizielle Erlaubnis eingeholt zu haben. Die spontanen Eskapaden ihres Mannes waren ihr nichts Neues, doch diesmal sollte es nicht bei einer kurzen Affäre bleiben. Das Verhältnis zwischen Breton und Suzanne dauerte schon fast ein Jahr, in dessen Verlauf sich das Liebespaar überwiegend an der Küste im Süden oder in der Bretagne aufhielt, als Breton seiner Frau gestand: „Suzanne ist kein Abenteuer für mich." (8.10.1928) Sie entsprach nicht nur äußerlich dem fragilen, weltentrückt erscheinenden Frauentypus, der Breton magnetisierte, sondern redete oft wirr und neigte zu hysterischen Ausbrüchen: „Vielleicht ist Suzanne vollkommen verrückt. Von ihr vermute ich das viel öfter, als ich es von Nadja dachte." (8.10.1928. Kam Breton an mehreren aufeinanderfolgenden Tagen nicht zum Briefeschreiben, schickte er Simone Telegramme nach Paris: „Bin mit Suzanne, Kuß André." (28.8.1928) Solche Kartengrüße und Telegramme hatten kaum Informationswert, stellten aber ein Ritual dar, das Bretons Sicherheitsgefühl diente, solange Simone antwortete. Zuweilen lag sogar ein Gruß der Geliebten an die Ehefrau bei:

„Simone... bin in Ihrem Pulli aufgebrochen... Denke von Herzen an Sie... Ich vergesse nicht, daß Sie die einzige Frau sind, die ich ernstnehme und für die ich zärtliche, freundschaftliche Gefühle empfinde. Suzanne." (30.11.1927)

De facto war seit geraumer Zeit eine andere die Frau in Bretons Leben, derweil Simone immer mehr zu seiner Fiktion wurde. Sie war zwar nicht allein – keine Penelope, die auf den Heimkehrer wartete, denn es gab ja Morise –, doch in den letzten Jahren brach die Kluft zwischen der gelebten Wirklichkeit und dem Ideal einer exklusiven Liebe auf, das Simone für Breton in der Ehe hätte erfüllen sollen. Simone hatte Breton durch ihre Herkunft und Bildung, durch ihre Zuverlässigkeit und Diszipliniertheit Selbstvertrauen geben können; eine *amour fou* freilich lebten sie nicht. Zu den alltäglichen Abnutzungserscheinungen des Ehelebens kam hinzu, daß sich Si-

André Breton und Suzanne Muzard

mone der Autorität Bretons fügte. Innerhalb seines Lebensentwurfs war sie ein dauerhafter und stabiler Gegenpol zu den wechselnden Erscheinungen der poetisierten und idealisierten Frauen – eine Rolle, die ihr zugedacht wurde und die sie immer wieder akzeptierte, wobei sie die eigenen Emotionen zugunsten des Respekts unterdrückte, den sie ihrem Mann entgegenbrachte. Ihre Ausschließlichkeit in Bretons Leben war zum Ausgeschlossensein geworden. Er schreibt:

„Würde ich nicht diese Krisen von Pessimismus durchmachen, die sich mit aller Macht gegen mich selbst richten, so hätte ich Dir niemals das geringste Leid zugefügt. Was Du für mich repräsentierst, sofern dieses Wort einen Sinn besitzt, ist alles, was mich ans Leben bindet, das weißt Du." (9.8.1927)

In seiner Konzeption stand die leidenschaftliche, kompromißlose Liebe höher als die Frau, mit der er sie erlebte, so daß Simone durch solche Worte zwar eine Erhöhung erfuhr, ihre eigenen Wünsche jedoch unberücksichtigt blieben. Nicht nur die Ahndung antisurrealistischer Verstöße, sondern auch die Angst, Simone und damit das Gleichgewicht des eigenen Emotionsgefüges zu verlieren, ließen Breton wiederholt nach Simones Befinden fragen. Als sie im Sommer 1928 mit Morise und Janine gemeinsam Pierre Naville im Finistère besuchte, forderte er Simone scherzhaft auf: „Berichte mir Neues von Max Morise, ich hoffe, Ihr badet nicht zuviel, kurzum: Das wäre besonders ungehörig." (18.6.1928) Breton nahm für sich die Rolle des Leidenden in Anspruch, zumal er sich mit einer Suzanne herumschlage, die äußerst labil sei:

„Suzanne schickt Dir Grüße. [...] Sie ist krank, liegt in der Rue Chalgrin, von wo aus sie mich täglich lange anruft, vielleicht wird sie sich einer kleinen Operation unterziehen müssen. Trotzdem ist sie immer noch lebendig wie eh und je. Du darfst mir deswegen nicht böse sein, liebe kleine Simone, darfst nichts Böses denken, weil ich es doch bin." (19.8.1928)[39]

„Du sagst, ich soll Dir von Suzanne berichten, dabei ist sie doch der Grund für den großen Vorwurf, den Du mir so frank und frei machst, nicht wahr? Was soll ich Dir schon über sie sagen, was Du nicht selbst genau wüßtest?"

Beunruhigt über Suzannes depressive Zustände, forderte Breton seine Frau auf, „sehr mitfühlend zu sein und nicht grundlos zu verurteilen. Aber auf jeden Fall mußt Du Deine Kritik und den Kummer, den ich Dir bereite, ohne Zögern aussprechen. Ich bitte Dich darum." (14.8.1928)

Simone, gerade dreißig geworden, klagte in ihren Briefen, sie habe ihr Leben verspielt, worauf Breton ihr mit einiger Vermessenheit antwortete, sie solle keinen Unsinn reden, er selbst kenne diese Bedrängnis, doch für eine komplexe Natur wie ihn sei das normal (14.8.1928). Simones Schwäche bedrohte Bretons Selbstbewußtsein in einer Situation, die von ihm immer noch wie eine Episode gehandhabt wurde, in Wirklichkeit aber zu einem Dauerzustand geworden war. „Ich habe mich über Deinen Brief nicht geärgert, [...] es ist reine Illusion, entspringt Deiner augenblicklich sehr großen Nervosität, aber der Grund, über den Du Dich beklagst, bleibt rein äußerlich, kurzum, unbedeutend." (29.8.1928) Immer wieder versicherte er Simone: „Du weißt, daß mich nichts, ganz und gar nichts, von Dir abbringen kann und daß sich das nicht ändern wird, solange Du mir die Gnade einiger Ausnahmen erteilst." (4.9.1928)

Je deutlicher Simone ihren schmerzlichen Empfindungen Ausdruck verlieh, desto mehr nahm Breton die Geliebte in Schutz und verteidigte sie gegen seine Frau:

„Suzanne geht es viel besser, sie ist wesentlich ruhiger und vernünftiger. Es ist ungerecht zu denken, sie täte alles, um von mir das zu bekommen, was Du aus Feingefühl nicht zu bekommen versucht hast. Diese Unterstellung ist ihrer und meiner nicht würdig." (11.9.1928)

Um Simone die Notwendigkeit seines Handelns zu erklären, schilderte er ihr im Tonfall eines Sozialromantikers Suzannes armselige Vergangenheit, ihr „verfluchtes Leben", von dessen Härten sie gar keine Ahnung habe. „Du kennst die Straße nicht, weißt nichts von Fabriken in Aubervilliers, nichts von der Prostitution. Du kannst nicht begreifen, was ich hier sage." (8.10.1928) Suzannes Hysterie hatte die gleichen Ursachen wie Simones Unbehagen: Suzanne hielt es nicht länger aus, den Geliebten mit einer anderen Frau verbunden zu wissen.

„Genau meine Art und Weise, Dich ihr gegenüber weiterhin ganz meinem Leben angehören zu lassen, für uns beide zu antworten, nicht unter moralischen Vorbehalten zu leiden, undsoweiter, das, und nur das, versetzte Suzanne in ständige Aufregung und entsetzliche Unruhe." (8.10.1928)

Suzanne verlangte als Liebesbeweis ein Opfer von ihm – eine Forderung, die dem Romantiker nicht wenig gefiel. Er zeigte sich bereit, ihr den Heiratswunsch zu erfüllen, obwohl er damit die *amour fou* wiederum in bürgerliche Verhältnisse lenken würde. Im Namen Suzannes, die befürchtete, Breton „könne sie von einem Moment auf den anderen nicht mehr lieben", beschwor er Simone ein ums andere Mal, Mitgefühl mit dem Liebespaar und Verständnis für die Konsequenzen zu haben, die sich für sie selbst daraus ergaben.

„Ich glaube an die Schicksalhaftigkeit meiner Begegnung mit Suzanne, es ist mir unmöglich, sie zu verlieren, sie und ihr tragisches Verhältnis zum Leben, was mit mir zu tun hat. Alles andere hieße für mich, eine Niederlage einzustecken, die kaum schlimmer sein könnte. Das würde ich nicht verwinden. Ich will für diese Frau ein Grund zum Leben sein, einfach deshalb, weil ich sonst für sie der Grund zum Sterben wäre. Das darf nicht sein. – – Simone, versuche mich zu verstehen, ich bitte Dich. Versuche, diesen Brief zu begreifen. Ich bin so sehr auf Dich bedacht." (25.9.1928)

Hingerissen von der Unberechenbarkeit und Ursprünglichkeit Suzannes, appellierte Breton an Simones Vernunft, jene von den Surrealisten verschmähte Instanz, der er in dieser Angelegenheit ihre Gültigkeit zurückgab. Gleichzeitig aber sah Breton für Suzanne und sich keine gemeinsame Zukunft, was ihn bedrückte.

„Das Schlimmste ist, daß Suzanne und ich uns nicht wiederfinden, das ist nach wie vor wahr, objektiv, eine Tatsache, daß ich mich nicht wiederfinde in den Lebensumständen, in die ich mit ihr geraten bin, daß ich all meine Mittel verliere, jeden Moment merke, wie sinnlos alles ist, daß dies ohne eine radikale Veränderung nicht fortdauern kann, eine solche Veränderung bei gemeinsamem Einverständnis aber von Tag zu Tag unwahrscheinlicher wird." (27.10.1928)

Der in seinen Gefühlen für Suzanne zerrissene Breton rang sich schließlich zu einem Entschluß durch und bat Simone um die Scheidung. „Dies also ist die Neuigkeit, die schlimmer ist als jedes Schweigen... Du magst sie hinnehmen, wie Du willst, ohne mich jemals dafür anzuklagen. Du darfst sogar ungerecht werden, meine liebe Simone." (8.10.1928)

Breton, geschickt im Abwälzen von Verantwortung, machte

Simone Breton

nun Suzanne, die „diese schrecklichen Reaktionen ausgelöst
hat, deren Opfer ich war genauso wie Du" (8.10.1928), zur
Nemesis. Doch was ging die Zweisamkeit Bretons mit einer
anderen Frau Simone noch an, außer, daß sie sich mit dem
Gedanken an eine Trennung vertraut machen mußte? Breton
forderte sie auf, einen Anwalt aufzusuchen; als Leidtragende
müsse sie die Initiative ergreifen. Sie solle sich irgendeine
„schwere Kränkung" ausdenken, die er ihr zugefügt habe.

> „[...] es scheint mir unnötig, das weiter auszuführen. Mei-
> ne Liebe, ich hatte nie den Wunsch, Dich zu beleidigen
> oder Dir das geringste Leid zuzufügen und habe ihn auch
> jetzt kaum. Aber denken wir nicht zuviel darüber nach."
> (27.10.1928)

Simone hatte allzu lange nur passiv zugesehen; nun war es zu
spät, einen Kampf um die Ehe anzutreten. Breton entzog sich
jeder weiteren Diskussion, indem er die Situation Simones für

unwürdig erklärte und den Lauf der Dinge dem Schicksal zuschrieb: „[…] ein solcher Umsturz ist mir vorherbestimmt. […] Ich bitte Dich, mich freizugeben" (8.10.1928).

Während der Scheidungsverhandlungen wurde Breton endlich die Wahrheit über das Verhältnis zwischen Simone und Max Morise zugetragen. Hatte er ihr trotz allem weiterhin seine Zuneigung versichert, so zeigte Breton sich nun nur noch verletzt, auch wenn Simones Unrecht das Kräfteverhältnis zu seinen Gunsten änderte, weil er sich nun nicht länger rechtfertigen mußte.

> „Während eines Essens am Tage Deiner Ankunft kürzlich in Paris hattest Du mir geschworen, daß Du mich über Deine Beziehungen zu Max Morise in redlichster Absicht informiert glaubtest. Und Du erzähltest mir weitere Geschichten, von denen ich hätte wissen sollen und die ich in all meiner Unschuld nicht kannte." (15.11.1928)

Auch Denise und Pierre Naville hatten Stillschweigen bewahrt, und nun warf sich Breton vor, Max Morise manchen Abend für eine Runde Karten zurückgehalten zu haben, als dieser eigentlich mit Simone ausgehen wollte. Auch habe Denise Tual keine Gelegenheit versäumt, André, Simone und Max zu dritt einzuladen. „Ich kann mit Stolz von mir sagen, meine Verabredungen stets in aller Öffentlichkeit getroffen zu haben. Ich habe nichts vor Dir versteckt, außerdem habe ich immer alles vorbehaltslos respektiert, was ich von Dir wußte (dummerweise). Das Wunder der Liebe, die Du für mich empfindest, wie Du sagtest. Ich habe daran geglaubt, habe ihm lange Zeit alles geopfert." (15.11.1928) Breton fragte Simone, was sie von ihm zu befürchten gehabt habe, daß sie nur die Schwester und die Cousine ins Vertrauen gezogen habe. „Ließ ich Dir nicht alle Freiheiten?" Er warf ihr ein „doppeltes Spiel" vor, sprach ihr ab, ihn jemals wirklich geliebt zu haben. Die

Entdeckung, daß Simone ihn all die Jahre über belogen habe, sei der „schlimmste Vertrauensbruch", der ihm je widerfahren sei.

„Ich bereue unter diesen Umständen alle meine Skrupel, Deinetwegen gelitten zu haben, und all das, was Du entdecken wirst, wenn Du ein bißchen umsichtig bist… Ich verabscheue den Brief, den Du mir geschrieben hast. Ich bin einsam (vielleicht für immer), und ich weiß, wovon ich spreche. Magst Du schon nicht mehr das Recht besitzen, mir zu sagen, daß Du mich liebst, so habe ich die Pflicht, Dir mitzuteilen, daß ich Dich wirklich nicht mehr liebe. André Breton." (15.11.1928)

Der in seiner Ehre gekränkte Breton konnte sich hinter viel surrealistischem Pathos verstecken. Simone hatte aus ihm einen 'cocu', einen gehörnten Ehemann gemacht. In *Die kommunizierenden Röhren* findet sich denn auch eine diesbezügliche Äußerung Bretons: „Eine Frau, die 'meine' Frau gewesen ist, hatte ihrerseits eine regelrechte Phobie diesem Wort gegenüber […]."[40]

Die Scheidung wurde am 30. März 1929 „mit allen gerichtlichen Folgen und zugunsten der Frau" rechtskräftig; doch bis alle Rechnungen beglichen waren, gingen noch einige böse Worte hin und her.[41] Simone schrieb André in einem der letzten Briefe:

„Du findest also Gefallen an den gewöhnlichsten Mitteln, indem Du auf die vulgärste Niederträchtigkeit verfällst, das zu unterwandern, was ich als mein Alles bewahrt hatte: die Liebe und die Idee von der Liebe, verkörpert in einem einzigen Menschen. Es wird Dich belustigen (was mit Deiner vornehmen und tragischen Art nichts mehr zu tun hat), all dies in einer Flut von Schmutz zu ertränken, in dem Moment, in dem es Dir nützt, und die Du so trefflich über das hereinbrechen lassen kannst, was Dich stört. […] Im Beisein der anderen habe ich mich allzulange verstellt – Die Braut war so schön! – ein Spiel, in dem Du Deine 'Aufrichtigkeit' und Deine 'Genialität' zur Schau stellen konntest." (20. 5. 1930)

Nun entluden sich unterdrückte Gefühle; Simone bezog sich direkt auf die Hypnosesitzungen, die Äußerungen Desnos'.

„Und solltest Du das Bedürfnis haben, etwas von Deinem Handeln rückgängig zu machen, so sind es Taten und nicht Worte, die zählen. Einige sind auf frankiertem Papier festgehalten. Andere belaufen sich auf Banknoten. Das spricht eine deutlichere und klarere Sprache als die 'Bemühung um Abstraktion'. Außerdem verlangt das ein wenig mehr Einsatz. […] Am Ende bist Du Dir über all das weniger bewußt, als man glaubt, und Du bist schlicht und ergreifend nur dumm." (20. 5. 1930)

Der Kontakt der einstigen Eheleute war für mehrere Jahre unterbrochen. Simone und André sollten sich erst Mitte der dreißiger Jahre im Rahmen ihres politischen Engagements wiedersehen, zu einem Zeitpunkt, da beide wieder neue Bindungen eingegangen waren.

Nach der Trennung

Simone hatte Suzanne Muzard den Platz geräumt und lebte allein in der Rue de la Convention im XV. Arrondissement von Paris. Doch die Nachfolgerin blieb nicht lange in der Rue Fontaine; Hals über Kopf heiratete sie am 1. Dezember 1928

Emmanuel Berl – um auch diesen schon bald darauf wieder zu verlassen. 1975 über ihre Zeit mit Breton befragt, charakterisierte sie den einstigen Liebhaber so:

„Breton umgab seine Liebesverhältnisse mit Weihe; er formte die Frau, die er liebte, so daß sie, seinen Vorstellungen entsprechend, in seinen Augen zu einem verläßlichen Wert wurde. Folglich war ich nichts als ein Gegenstand der Enttäuschung, da ich unvereinbar mit seinen Vorstellungen war. [...] Für Breton stellte sich das Alltagsleben dem Außergewöhnlichen entgegen. Stets fühlte er sich angegriffen durch Schwierigkeiten praktischer Art, deren Bedeutung er überbewertete, indem er Verachtung für sie zeigte. Er gab vor, alle Dinge und sein Verhalten zu ihnen offen darzulegen, gleich dem 'Glashaus', das sein Zuhause war. [...] er konnte nicht darauf verzichten, immer wieder eigenständigen 'Impulsen' nachzugeben, vielleicht in der Absicht, sich die Sicherheit und die Illusion zu verschaffen, nicht zu altern."[42]

Die beiden indirekten Konkurrentinnen Simone und Suzanne wurden zu Opfern derselben Erlösungsvorstellung, die Breton von der Liebe hatte und die weder Ehefrau noch Geliebte auf Dauer für ihn erfüllen konnten.

Breton geriet in finanzielle Nöte, während Simone, deren Mitgift den Großteil seiner Existenzgrundlage ausgemacht hatte, materiell abgesichert blieb. Außerdem hatte sie die ihr zustehende Hälfte aller gemeinsam erworbenen Kunstwerke mitgenommen. Der verschuldete Breton flüchtete vor dem Gerichtsvollzieher ins *Terrass Hôtel* am Montmartre, wo Paul Éluard gerade logierte. „Breton ist müde und entmutigt. Gestern abend ist es mir gelungen, ihn zum Luna-Park mitzunehmen. So war er nämlich seit 2 Jahren nicht mehr ausgegangen. Wir sind eine Stunde lang mit den Autoscootern gefahren. Er war begeistert, gelöst."[43] Breton, in seinen Grundfesten erschüttert, war labiler denn je, denn mit der Trennung der Ehepartner vollzog sich auch die Spaltung der Surrealistengruppe in mehrere Lager, die unterschiedliche ästhetische Auffassungen vertraten. Zu den Mitunterzeichnern des gegen Breton gerichteten Manifestes *Un cadavre* (Eine Leiche) gehörten nicht ganz zufällig Simones spezielle Freunde, so daß die Verteilung der Sympathien Entscheidungen von literaturgeschichtlicher Tragweite nach sich zog: Desnos, Initiator der Attacke, der Schwager Queneau, der Liebhaber Morise und der Verehrer Boiffard. In der Schmähschrift heißt es: „Soviel ist klar, André Breton spricht vortrefflich von der Liebe, aber im Leben ist er eine Figur von Courteline." Der ursprüngliche Kern seiner Gruppe löste sich auf, seine Liebesgeschichten scheiterten alle. Aragon schrieb am 30. Juli 1930 an Éluard: „So gut ich kann, gehe ich gegen Andrés Pessimismus an... Insgesamt düster. [...] Die Frauen ermutigen ihn nicht, ich werde Dir nicht erzählen, was ihm da widerfahren ist."[44] Breton selbst, 1952 in einem Interview darüber befragt, antwortete:

„Indem ich diesen Tendenzen den Prozeß erklärte, enthielt ich mich nicht, bestimmte persönliche Verhaltsweisen, durch die sie scheinbar ausgelöst wurden, dafür verantwortlich zu machen. Dies ist sicherlich nicht der unbedeutendste, vergänglichste Abschnitt dieses Zweiten Manifests. [...] Vielleicht war es einzig im Interesse der Ideen unabdingbar, bestimmte Verbindungen zu durchtrennen, um fortschreiten zu können. Auch kann es sein, daß eine gewisse unmäßige Strenge im Urteil, gewisse Entgleisungen in den Äußerungen auf eine nervöse Spannung zurückgehen, die nicht nur die kritische Situation der surrealistischen Ideen mit sich brachte, sondern auch eine bestimmte tiefgreifende Veränderung in meinem Privatleben, auf die ich in *Die kommunizierenden Röhren* anspielen werde.«[45]

Simones Verhältnis zu Morise hatte Bestand, obwohl der Liebhaber nicht zum neuen Lebensgefährten avancierte. Sie hielt ihn auf Distanz und gab seinem Wunsch, sich eine gemeinsame Wohnung zu suchen, nicht nach, sondern wahrte ihre Freiheit. Sie hatte eine kurze Affäre mit Boris Souvarine, einem revolutionären Russen, der sich in der KPF engagierte und seit 1928 mit den Bretons in Kontakt stand. Simone ließ den eifersüchtigen Morise jene Unnahbarkeit spüren, unter der sie im Zusammenleben mit Breton gelitten hatte; die Attraktion, die er für sie darstellte, schien nach der Scheidung nachgelassen zu haben. Simone und Max blieben so lange zusammen, bis Simone Michel Collinet begegnete, den sie 1938 heiratete. Für Morise war die von Simone ausgehende Trennung nach fünfzehn miteinander verbrachten Jahren ein Schock; er war so tief getroffen, daß er beschloß, Simone nie mehr wiederzusehen. Er arbeitete später als Synchronsprecher beim Film und verdingte sich als Übersetzer aus dem Englischen. Er starb 1973 in Paris.

Simone blieb dem Künstler- und Intellektuellenmilieu treu. Collinet, Anhänger trotzkistischer Ideen, gehörte zu einer Gruppe politisch engagierter Intellektueller, der Simone sich anschloß. 1934 fuhren sie gemeinsam nach Spanien; Simone verfaßte Beiträge für die während des Bürgerkriegs von Collinet herausgegebene Zeitung *Juin 36*. Wie zu Zeiten des Surrealismus nutzte Simone wieder einen vorgegebenen Rahmen für ihr kreatives Tun. Mit dem Einmarsch der Deutschen in Paris drohten ihr Internierung und Deportation. Sie verließ Paris und versteckte sich unter falschem Namen in der Sologne, südlich von Orléans, im Hause der Eltern. Inmitten der ständigen Gefahr, entdeckt zu werden, brachte Simone, inzwischen über vierzig, eine Tochter zur Welt. Zur gleichen Zeit befanden sich Simones mittlerweile betagte Eltern in einer Situation akuter Gefährdung. Die Concierge in der Avenue Niel hatte sie denunziert, so daß sie zum Untertauchen gezwungen waren. Dank der Bekanntschaft mit Jacques Lacan, damals Arzt in einer psychiatrischen Klinik in Versailles, konnten die Kahns sich dort unter falschen Namen als Patienten verstecken.

Nach der Befreiung wohnten die Collinets in der Rue Eugène Poubelle, der Rue de Dantzig und der Rue des Mariniers. Sie lebten vom Einkommen Michels, der Mathematik unterrichtete. Ermöglicht durch die Erbschaft der kürzlich verstorbenen Mutter, kaufte Simone 1948 die *Galérie artiste et artisan* in der Rue Jacob; nach deren Verkauf an Isadora Duncans Bruder Raymond übernahm sie 1954 die *Galérie Furstemberg*. Simone zeigte sich nicht als pragmatische, auf Gewinn bedachte Unternehmerin. Geschäftsinteressen traten immer hinter ihren Vorlieben zurück, und so stellte sie Maler aus, deren Bilder sie mochte, auch wenn sie sich schlecht verkauften. Im übrigen verhalfen ihr die früheren Kontakte zu Ausstellungen längst etablierter Maler wie Max Ernst oder Salvador Dalí. Als Treffpunkte der klassischen Avantgarde und der jungen Künstler bekamen die Galerien den Charakter von Salons. Die zwanziger Jahre blieben weiterhin prägend für Simone. Im nachhinein wurden die Schattenseiten vom Glanze jener Zeit überstrahlt, da sie im Zentrum des Geschehens gestanden hatte.

1965 sprach Simone im Rahmen einer Vortragstournee durch Lateinamerika auf dem Kongreß für die Freiheit der Kultur als Kronzeugin des Surrealismus über ihre historisch gewordenen persönlichen Erfahrungen. Der wiederholten Aufforderung, ihre Memoiren zu schreiben, kam sie jedoch nie nach. Für solche Projekte fehlte es ihr nach eigener Aussage an Ausdauer. Waches Interesse für die Frauenpolitik bezeugte ihre Teilnahme am öffentlichen Leben. Die *Féministes Révolutionnaires,* zu denen auch Simone de Beauvoir gehörte, veröffentlichten 1971 das *Manifeste des 343,* mit dem die französische Justiz in Verlegenheit gebracht werden sollte: 343 zum großen Teil prominente Frauen, die sich alle dazu bekannten, abgetrieben zu haben, votierten für das Recht auf Schwangerschaftsabbruch. Auch Simone gehörte zu den 300 *salopes,* den dreihundert Schlampen, als die die Unterzeichnerinnen in der konservativen Presse tituliert wurden.

Befragt über das Geschehen in den zwanziger Jahren, erwähnte André Breton Simone später indessen mit keinem Wort.[46] Er konnte ihr den Vertrauensbruch niemals vollständig verzeihen, so massiv hatte dieser die von ihm postulierten Ideale der allesüberdauernden Liebe verletzt, mit denen er sich vollkommen identifizierte.

Simone Collinet verbrachte ihre letzten Lebensjahre in der Familie ihrer Tochter in Paris. 1980 erlag sie, dreiundachtzigjährig, einem Schlaganfall. Sie ist in der jüdischen Division des Montparnasse-Friedhofs begraben.

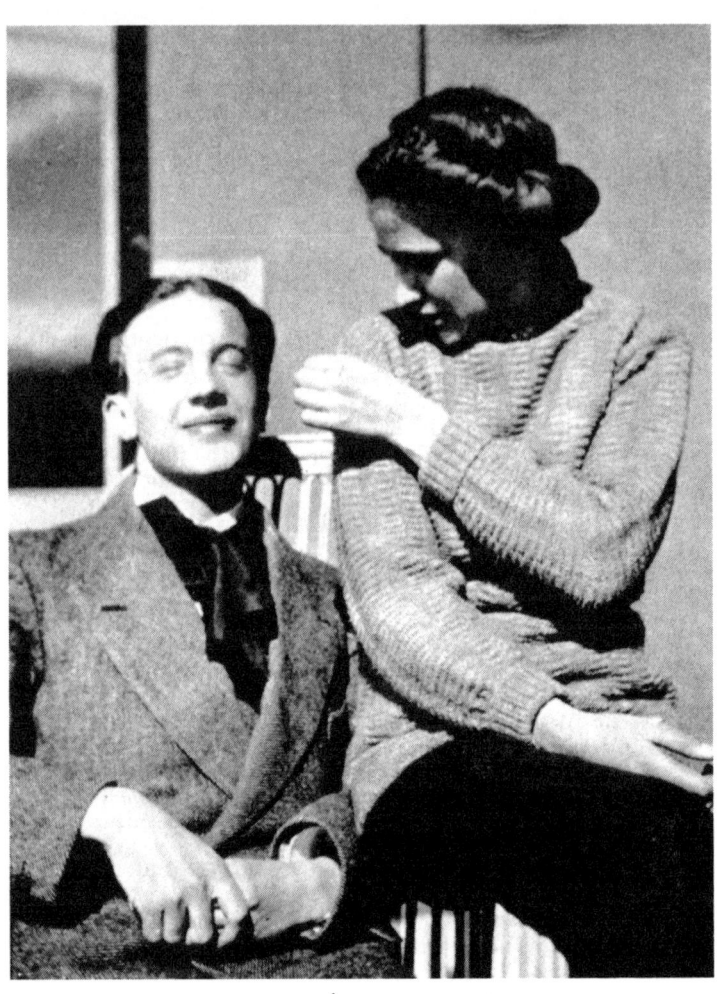

Gala und Paul Éluard in Clavadel, 1913

2

GALA ÉLUARD
Die surrealistische Herausforderung

MYTHOS GALA

„Helene Dimitriewna Diakonowa wurde 1893 in Kasan an der Wolga geboren."[1]

„Die einzigen nüchternen Fakten, die Gala bereitwillig preisgab, waren, daß sie 1895 als Helene Dimitriewna Diakonowa in Kasan, einer russischen Universitätsstadt an der Wolga, geboren wurde."[2]

„Sie kam am 26. August 1894 im Zeichen der Jungfrau zur Welt."[3]

Drei Biographien, drei voneinander abweichende Geburtsdaten – mit Bestimmtheit bleibt da nur zu sagen, daß die Vita der Helene Dimitriewna Diakonowa mit einer Unbestimmtheit beginnt. Immer wieder lud ihre Person zu Mythenbildungen ein, sei es als poetische Erfindung Paul Éluards oder als Gesicht auf unzähligen Gemälden Salvador Dalís. Während die heiratsbedingte Veränderung des Nachnamens aus Frauen unauffindbare Personen machen kann, blieb ihr Vorname identitätsstiftendes Pseudonym: Gala. Als sie das Elternhaus im Jahre 1912 verließ, gab sie sich eigenmächtig diesen auch in Rußland unüblichen Vornamen. Den persönlichen Mythos hat sie selbst kultiviert, sich nie ausführlich und explizit über ihr Leben geäußert wie Elsa Triolet, keine Memoiren geschrieben wie Claire Goll, die Kunstsammlerin Peggy Guggenheim oder die Malerin und letzte Frau Max Ernsts, Dorothea Tanning. Gala erzählte nicht von sich, sondern inszenierte sich und ließ sich inszenieren. Damit machte sie aus der Not eine Tugend, denn weibliche Biographien, die aufgrund fehlender Beschreibungskategorien nicht selten zu Geschichten von Brüchen und Karriereknicken werden, glättet man gern durch Rollenzuschreibungen oder Mystifizierungen. Gala aber übernahm selbst die Regie, um den Mythos noch zu steigern, der sich um sie zu bilden begonnen hatte.

Galas leiblicher Vater war allein und verarmt in Sibirien gestorben, wo er nicht auf die Goldader gestoßen war, die zu finden er gehofft hatte. Galas Mutter, Antonina Diakonowa, lebte bald nach seinem Tod mit einem wohlhabenden Rechtsanwalt zusammen, was zwar eine kluge pragmatische Entscheidung war, weil sie den gesellschaftlichen Aufstieg der Familie in den gehobenen Mittelstand bewirkte, die Mutter jedoch in den Ruf einer moralisch verkommenen Frau brachte. Als Vorteil erwies sich auch, daß der neue Hausherr sowohl zum Adel als auch zu revolutionären Kreisen gute Beziehungen unterhielt, wodurch die Familie vor Razzien und politischen Übergriffen beider Seiten bewahrt blieb. Die Mutter, ganz mit sich und ihrem neuen Partner beschäftigt, kümmerte sich wenig um die Kinder. Vom Stiefvater heißt es, er habe Gala den anderen drei Geschwistern, Lidia, Nikolaj und Vadim, vorgezogen, so daß sie bereits als Kind die Diva im Hause habe spielen können. Es ist nicht überprüfbar, ob die Geschichten stimmen, die Gala im Laufe ihres Lebens über ihre Familie verbreitete: daß der Stiefvater und die Brüder sie sexuell belästigten und daß der leibliche Vater in Sibirien letztlich doch eine fürstliche Domäne verwaltet hatte. Galas in Wien lebende Schwester Lidia tat derlei Kunde als Schwindelei oder Dramatisierung ab. Sie mochte damit recht haben; doch ist es unerheblich, ob in Galas Geschichten Dichtung oder Wahrheit überwogen. Aus Vermutungen und Erfundenem konstruierte sie sich eine Vergangenheit, deren Realität später, in der Fremde, ohnehin niemand mehr überprüfen konnte.

Gala erschuf sich schon als Kind imaginäre Lektüre-Welten, zu denen keiner außer ihr Zutritt hatte. Zu ihren damaligen Freundinnen gehörte die spätere Dichterin Marina Zwetajewa, die als Kind bereits weitgereist war und Gala von den illustren Orten in der Ferne vorschwärmte. Marina „erzählte von dem, was sie gerade las, und rezitierte ihre neuen Gedichte. Sie fand in [...] Galja ihr erstes interessiertes Publikum."[4] Die Phantasiereisen schufen der alltäglichen Tristesse Abhilfe. Tschechow hatte mit den *Drei Schwestern* ein Drama geschrieben, das exemplarisch die Langeweile und den Überdruß jener russischen Frauen vorführt, denen das Universitätsstudium im zaristischen Rußland versagt blieb, die aber aufgrund ihrer zumeist durch häusliche Unterweisung erworbenen Bildung intelligente und dabei völlig unterforderte Menschen waren. Um nicht als Blaustrümpfe deklassiert zu werden, mußten sie heiraten und gerieten oft an ungebildete Männer, die zwar das Sagen hatten, jedoch weit davon entfernt waren, ihren Frauen adäquate Gesprächspartner sein zu können. Tolstois Anna Karenina ist das prototypische Opfer einer patriarchalischen Gesellschaft, aus der es kaum einen Ausweg gab, wenn die in der Literatur angebotenen rettenden romantischen Welten von den Leserinnen als schöne Fiktion durchschaut worden waren und keinen Trost mehr spenden konnten. Einem in solchen Bahnen vorgezeichneten Schicksal versuchte Gala – mehr intuitiv als planvoll – zu entrinnen. Schon wurde sie von Heiratskandidaten umschwärmt, die die Eltern als geeignet ansahen, doch Gala fühlte sich zu Höherem berufen, wie aus einem ihrer Briefe an Éluard hervorgeht: „Keinen Mann habe ich geküßt, sondern mißtraute ihnen allen und machte mich über sie lustig, wenn sie mir schöntaten!" (17.11.1916) Ihre fast systematische Zurückweisung der Anwärter vor Ort war ein entschiedenes Nein zum ganzen Leben im rückständigen Rußland. Die Männer, die zur Stelle waren, blieben für sie genauso Fremde wie der Stiefvater. Von allen Männern schien nur einer wirklich interessant zu sein: Der abwesende leibliche Vater bot eine ideale Projektionsfläche für unerfüllte Sehnsüchte, und Gala hauchte ihm Leben durch die schönen Geschichten ein, die sie ihm andichten konnte. Dieser Vater hatte alle Qualitäten des idealen Mannes, der nur außerhalb der allzu gut bekannten russischen Umgebung zu finden war. „Ein Teil ihres Wesens bestand im Weglaufen, im Davonschlüpfen vor allem, was ihr nicht gefiel. Ohne zu beurteilen, ohne zu verurteilen, vielleicht sogar ohne richtig zu erkennen – sie schlüpfte davon."[5]

BEGEGNUNG AUF EINEM ZAUBERBERG

Bereits als Kind mußte Gala ihre schwachen Lungen wiederholt in Moskauer Sanatorien kurieren lassen. Die ärztlichen Diagnosen wurden mit weniger wissenschaftlicher Präzision gestellt als heute, verordnet wurden meist Luftveränderung, Trink- und Liegekuren. Tuberkulose war vielleicht doch nur ein anderer Name für Galas labilen Zustand, dessen tiefere Ursache das Leiden an trostlosen Verhältnissen war. Die Krankheit und deren Bekämpfung durch einen Ortswechsel bedeuteten Rettung für sie. Gala wurde Ende 1912 auf eine lange Reise ins schweizerische Davos geschickt – eine annehmbare Strapaze, da der Weg ins Freie führte. Das Lun-

Gala und Paul Éluard in Clavadel, 1913

gensanatorium in Clavadel präsentierte sich als eine abge-
schlossene Welt, in welcher Gala dem Zugriff der Familie entzogen war, die sich bislang in ihre Zukunftspläne einmischen
konnte. Fernab vom Weltgeschehen bot das Sanatorium auch
eine Kulisse, in der die Pose funktionierte, wo das Gesetz von
Sehen und Gesehenwerden die tägliche Selbstdarstellung
verlangte. Die Mahlzeiten im Speisesaal, die Stunden scheinbaren Nichtstuns im Liegestuhl zwischen den Auskultationen
und Anwendungen galten vor allem der Beobachtung der Lei-
densgenossen. Die Russen waren traditionell zahlreich vertre-

ten; schon während der Belle Époque bevölkerten betuchte Adlige Nobelhotels, Spielcasinos, renommierte Badeorte und Sanatorien. Der Ruf von Exotik und Distinguiertheit ergab sich vor allem aus diesem Typus des reichen, reisenden Ausländers. Gala, die ganz allein und nicht, wie üblich, im Familienclan auftrat, mied den Anschluß an die Landsleute. Es heißt, sie habe sich meistens zurückgezogen, sei gleich nach den Essen wieder auf ihr Zimmer verschwunden, aus dem sie ein mit Büchern und ihren Lieblingsbildern angefülltes Refugium gemacht hatte.

Einige Tage vor Gala war aus Paris der am 14. Dezember 1895 geborene, also gerade siebzehn Jahre alt gewordene Eugène-Émile Grindel alias Paul Éluard in Clavadel eingetroffen. Sein Lungenleiden zwang ihn zur Unterbrechung seiner Ausbildung als Buchhalter – der hereinbrechende Krieg und dann seine Avantgarde-Aktivitäten sollten dazu führen, daß er sie auch nie wieder aufnahm. Die Krankheit kam ihm geradezu gelegen, denn die Kur in Clavadel und der Lauf der Geschichte fällten Entscheidungen für den Unentschlossenen, den eine Zukunft in einem bürgerlichen Beruf, als Geschäftsmann in den Fußstapfen seines Vaters, wenig reizte. Seine Abkehr von den Vorbildern war durchaus nicht an alternative Vorstellungen einer besseren Zukunft geknüpft. Der Sanatoriumsaufenthalt stellte ein zeitliches Vakuum dar, in dem der Dichter Éluard heranreifte, woran Gala maßgeblich beteiligt war. Schnell wurde Éluard auf sie aufmerksam: Sie war eine ungewöhnliche Schönheit, vor allem durch ihre magnetisierenden Augen, die später als die Augen der *Femme visible,* der sichtbaren Frau, von einem surrealistischen Gemeinschaftswerk blicken sollten. Aber ganz besonders erkannte sich der Einzelgänger in der Individualistin wieder, als die sie erschien. Auch später, als eine Person des öffentlichen Lebens, wird sich Gala in Gemeinschaften nie recht wohl

Gala und Paul Éluard als Pierrot und Pierrette, um 1913

fühlen, wie auch Éluard im Kreise der Surrealisten stets ein
Außenseiter bleiben wird.

Gala lernte durch Éluard jene Kultbücher kennen, an denen
die Pariser Avantgarde sich entzündete. Er wurde für sie zum
Begleiter auf ihren Phantasiereisen, zu denen sie vom Boden
nüchterner bürgerlicher Tatsachen abheben konnten. Sie
tauschten auf Zettelchen gekritzelte Botschaften aus; auf
einem stand, von Galas Hand: „Ich bin Ihre Schülerin!"[6]

Anläßlich eines Maskenballes im Sanatorium traten sie gemeinsam als Pierrot und Pierrette verkleidet auf. Beide waren sie Bewohner von Innenwelten. Die gemeinsame Liebe keimte, fernab von Alltag und Weltgeschichte, in einem künstlichen Paradies in dünner Höhenluft, in dem die Zuneigung der noch nicht Zwanzigjährigen in spielerischer Sorglosigkeit wachsen konnte. Clavadel bot sich als Ort einer verlängerten Kindheit an, in welche die Liebe Einzug hielt, deren symbolische, heilende Kraft hier zur gleichen Zeit als Wirklichkeit erfahren wurde. Sprachverliebtheit und sehnsüchtig erwartete Erfahrung der Liebe zu einer Frau vereinigten sich für den angehenden Dichter in seiner Poesie: Schon bald, am 1. Dezember 1913, erschienen Éluards erste Gedichte, inspiriert von Gala, finanziert von der Mutter, die ihr einziges Kind über die Maßen vergötterte. So wie sich zwischen Breton und Aragon über die gemeinsame Lektüre ein zärtliches Verhältnis entwickelte, war für Éluard die Begegnung mit Gala untrennbar verbunden mit seiner künstlerischen Initiation. Die Männerfreundschaft zwischen Breton und Aragon basierte auf der gemeinsamen Leidenschaft für die Literatur, ihre spätere Rivalität war ein Kampf um die gleiche Geliebte, die Sprache. Éluards „Erste der Welt" – so der Titel eines seiner Gedichte – war Gala. Die exklusive, obsessive Liebe zu einer Frau wurde von ihm wie eine Erlösung erfahren – als Freisetzung der poetischen Sprache.

Gala wirkte an Texten Éluards mit, eine Spielform, die sie später, in den gemeinsamen Jahren in Paris, nicht weiterbetreiben sollten. 1914 erschien Éluards Gedichtsammlung *Dialogues des Inutiles* (Dialoge der Unnützen) mit einem Vorwort von Gala, das folgendermaßen beginnt: „Wundern Sie sich nicht, wenn eine Frau – vielmehr: eine Unbekannte – dem Leser dieses Bändchen vorstellt." Sie zeichnet mit „Reine de Paleùglnn", ein kryptischer Name, der auf einem Anagramm

basiert, aufzuschlüsseln als „A. P. E. G. UN RIEN D'ELLEN: À Paul
Éluard, Gala, un rien d'Ellen."[7] Ellen ist die anglisierte Form
von Helene. Die vierzehn Minimal-Dialoge waren in Zusammenarbeit der beiden frisch Verliebten entstanden, die sich in
der Abgeschiedenheit des Sanatoriums vielleicht wirklich wie
zwei empfanden, die in der Welt „zu nichts nutze" waren. Den
spielerischen Ernst dadaistischer Textcollagen vorwegneh-
mend, identifizierten sich Gala und Paul mit den literarisierten
Rollen, in denen sie sich gegenseitig als Liebende sahen. Im
Gewand der Muse machte sie ihn erst zu einem Dichter und
damit auch zu einem Abkömmling jener exklusiven Welten,
den sie sich selber wünschte: „Réciprocité", Gegenseitigkeit,
heißt denn auch der folgende Dialog:

– Poète! Poète!
– Et toi, Poésie!
– Toi des hommes le moins bête!
– Et toi muse sans hystérie!
– Oh! toi! tu m'aimes, dis-le-moi. Les mots ne se quitteront
pas. La vie est belle, belle, belle! Oh! dis-le-moi.[8]

– Dichter! Dichter!
– Und du, Poesie!
– Du, von den Männern der klügste noch!
– Und du Muse ohne Hysterie!
– Oh! Du! Sag, daß du mich liebst. Die Wörter werden sich
nicht trennen. Das Leben ist schön, schön, schön! Oh! sag
es mir.

Nur ungern verließen die beiden Rekonvaleszenten den Ort ihrer Begegnung, als die Zeit der Heilbehandlung abgelaufen war. Éluard reiste im Februar 1914 aus Davos ab. Zuvor hatten sie sich ewige Liebe geschworen und sich heimlich verlobt. Gala versprach, für immer nach Paris zu kommen, sobald sie volljährig sein würde. Noch mußte sie zurück in die elterliche Obhut nach Kasan. Als sie die Rückreise antrat, war der Krieg bereits ausgebrochen, und durch Militärtransporte auf allen Gleisen ging es nur mit langen Unterbrechungen voran. Éluard wurde ungeachtet seiner angeschlagenen Gesundheit im Dezember eingezogen. Als Lazaretthelfer geriet er nicht unter direkten Beschuß, aber da er an der Somme, einem Hauptkriegsschauplatz, stationiert war, zeigte sich ihm das ganze Grauen des Krieges in Gestalt der Verwundeten und der Moribunden, die unter seinen Händen starben. Das Kriegsgeschehen ließ Gala die Entfernung zu ihrer Liebe noch größer erscheinen; aufgrund des französisch-russischen Kriegsbündnisses bestand zwar eine Postverbindung zwischen beiden Staaten, aber die Beförderung der Briefe zog sich über Wochen hin. Mit dem Schweigen zwischen zwei Nachrichten wuchs immer wieder die Angst, Paul könnte schließlich doch als Kämpfer an die Front gekommen und gefallen sein. Mit der Volljährigkeit war die schreckliche Wartezeit endlich um; die Eltern konnten Gala nicht länger daran hindern, zu jenem jungen Franzosen zu eilen, den sie nie zu Gesicht bekommen sollten. Éluard seinerseits mußte bei seinen Eltern zunächst Überzeugungsarbeit leisten, denn die Zukünftige ihres Sohnes entstammte durchaus nicht den wunschgemäßen Kreisen der französischen Bourgeoisie; als Russin erschien sie ihnen wie eine Exotin. Gegenüber seinem Vater sprach Éluard von einigen Vorzügen Galas, die auch er, der ständig ihre Untreue befürchtete, zu schätzen gewußt haben wird: „Ich habe eine Frau gewählt, deren Schlichtheit, Reinheit, Zärtlichkeit und Liebe ich Ihnen, der um diese Tugenden weiß, nicht beschreiben muß."[9] In seinen Gedichten hielt er sie rein wie die Sprache, die er ihr auf den Leib schrieb: „Dein Lachen ist wie ein Wirbel aus Herbstblättern, die die heiße Luft streifen, sie einhüllen, wenn es zu regnen beginnt."[10]

Gala kam im August 1916 in einem Paris an, das nicht der erträumten Lichterstadt entsprach, sondern vom Krieg gezeichnet war. „La petite chérie kommt nach Paris. Paris macht Lärm. Paris macht Lärm."[11] Das Stadtbild bestimmten leere Geschäfte, Kriegsinvaliden und eine Menge einzelner Frauen, zu denen jetzt auch Gala gehörte. Das Wiedersehen ersehnten und fürchteten die Verlobten gleichermaßen. Fast zwei Jahre hatten sie Zeit gehabt, die Idealvorstellungen einer gemeinsamen Zukunft zu hegen und zu pflegen. Nicht trotz, sondern gerade wegen der vielen Liebesworte, die gefallen waren, kam die Wirklichkeit nun als große Unbekannte auf sie zu. Gala wohnte bei den Schwiegereltern, Rue Ordener 3, nördlich des Montmartre. Auf der Flucht vor der familiären Enge des Elternhauses war sie geradewegs in bürgerliche, französische Verhältnisse hineingeraten, wie sie erdrückender kaum sein konnten. Inmitten der matriarchalischen Grindel-Sippe – auch Grindel senior war im Krieg –, in der neben der Schwiegermutter auch noch Pauls Großmutter waltete, fand Gala nichts so vor, wie sie es sich aus der Ferne ausgemalt hatte. „Deine Tante aus Brey ist wieder gesund. Sie redete viel und machte noch mehr Krach." (Mitte Nov. 1916)[12] Mit ihrer gutgemeinten mütterlichen Fürsorge zwang Mme Grindel Gala zu ständigem Gehorsam. Galas Pläne, in Paris als Modezeichnerin zu arbeiten, redete die gelernte Schneiderin ihr gleich wieder aus, denn die zukünftige Schwiegertochter sollte eine gute Hausfrau und Mutter werden und nicht im Berufsleben stehen, das außerdem viel zu hart für sie wäre. Das Glück zu zweit, so exklusiv wie in Clavadel, verlangte also erneuten Aufschub, und nach wie vor fanden die Unterhaltungen der Verlobten vornehmlich in Briefen statt.

Gala mochte sich mit den schriftlichen Heraufbeschwörungen einer aufgeschobenen gemeinsamen Gegenwart ohnehin nicht länger zufriedengeben, da teilte Paul ihr Mitte November 1916 ohne Umschweife mit, daß er sich freiwillig zur Infanterie melden wolle. Gala zeigte sich darüber mehr als entsetzt; dieser Schritt gefährdete das gemeinsame Glück und kam einem persönlichen Angriff auf ihre Liebe gleich. Doch der stets Kränkelnde wollte sich durch diese zweifelhafte patriotische Tat seinen männlichen Mut und seine Wehrtauglichkeit beweisen; als Dichternatur in jener weltbewegenden Epoche verspürte er plötzlich einen Mangel an Lebensunmittelbarkeit. Galas Briefe ins Feld, in denen sie Paul von seinem Entschluß abzubringen versuchte, changieren zwischen trauriger Hilflosigkeit und heftigem Zorn:

„Ich besitze nichts, weder Stolz noch Ehrgeiz, ich bin wie nackt vor Dir und sehr schwach." (Mitte November 1916)
„Vielleicht ist es Dir entgangen, aber ich habe viel für Dich getan und tue es noch. Mein ganzes Leben, meine ganze Seele, mein Blut habe ich Dir geweiht. Nicht alle Frauen würden dies tun, wenn Du gehst, dann ist dies, als ob Du mich zurückweist, ja, mein Leben verschmähst."
(19. 11. 1916)
„Wenn Du fortgehst, werde ich völlig verzweifelt sein und als Krankenschwester ins russische Lager gehen [...], um mich restlos krank zu machen." (25. 11. 1916)

Im Gedanken an die Gefahr, in die der Geliebte sich und damit auch ihre gemeinsame Zukunft brachte, geriet sie in de-

Paul Éluard als Soldat im I. Weltkrieg

pressive Zustände und sah ihr Leben vor sich „wie ein schwarzes Loch. Das ist kein Vergleich, sondern meine wirkliche Empfindung." (26.11.1916) Aus diesen Drohungen, die Galas Biograph McGirk als erpresserische Taktik bezeichnet, spricht Galas ganze Enttäuschung über einen Mann, für den sie ihre, wenn auch nicht geliebte, so doch gewohnte Welt und ihre gesamte Vergangenheit hinter sich gelassen hatte. Im gemeinsamen Einvernehmen war sie nach Paris gegangen – er hatte schließlich Verantwortung für sie übernommen. Gala hatte vollkommen im Sinne des romantischen Paares gehandelt, das sie sein wollten.

„Nur mußt Du ein für allemal begreifen, ich habe nichts von mir, mich besitzt Du ganz und gar. Und wenn Du mich

liebst, dann wirst Du auf Dein wertvolles Leben aufpassen, denn ohne Dich werde ich wie eine leere Hülle sein. Du hast mein Leben auf Dir. Wenn Du mich liebst, dann hütest Du es, wenn Du mich haßt, dann wirfst Du es weg oder behandelst es böse, brutal. Du kannst es so tun, das ist Dein Recht, denn es gehört ja Dir." (17.11.1916)
„Sonst kann ich nichts erzählen, ich liebe nur Dich, ich habe nichts, weder Fähigkeiten noch Intelligenz noch Willen, nichts, nichts, nur die Liebe. Das ist schrecklich, und darum, wenn ich Dich verlieren würde, würde ich auch mich selbst verlieren, und ich wäre nicht schon Gala, ich wäre eine Frau, wie es Tausende und Tausende gibt." (16.11.1916)

Wenn er im Lazarett bliebe, würde dies

„der größte Beweis Deiner Liebe sein im Ernst. Ich habe Dir bewiesen. Ich bin zu Dir gekommen. Beweise Du mir jetzt auch. Dazubleiben mit den Kleinbürgern ist das ganze Gegenteil von Feigheit. Wenn Du wüßtest, welche Enttäuschung das ist für mich, daß ich Dich bitten, anflehen muß – wie ein Almosen – in Sicherheit zu bleiben und Dein Leben zu bewahren. Du liebst mich nicht so, wie ich Dich liebe." (19.11.1916)

Gala sah sich im Beziehungsgefüge als Besitz des Mannes, ihren Einsatz aber als einen Liebesbeweis, der eine Gegengabe verlangte. „Ich fühle mich wie eine arme kleine Frau, die man liebt, wenn man nichts 'Größeres', nichts 'Ernsthafteres' hat. Ich hasse alles." (19.11.1916) Aus diesem nebensächlichen Dasein an der Seite eines Mannes wird Gala sich Jahre später befreien, wenn sie Éluard verläßt und mit fliegenden Fahnen zu Dalí überläuft. Mit einem Realismus, wie er angesichts der Lage geboten war, faßte Gala das Schlimmste ins Auge, erklärte jedoch ungeachtet der Bürgerpflicht die Liebe zum obersten Gebot und formulierte damit gleichzeitig einen surrealistischen Anspruch: „Und das Gesetz heute heißt, getötet zu werden, tot sein" (26.11.1916) – dem nur die absolute Liebe entgegentreten kann: „Es ist alles für Dich. Du kannst in der Liebe absolut sein, denn ich bin es." (17.11.1916) Galas wortreiche Ersuchen waren jedoch in einem doppelten Sinne umsonst: Zum einen ließ sich Éluard durch sie von seinem Entschluß nicht abbringen, zum anderen war er nun zwar Soldat, aber die meiste Zeit kränkelte er, litt unter Atemnot, hatte Bronchitis und war nicht einsatzfähig, Zeichen dafür, daß der zeitlebens Angeschlagene den an sich selbst gestellten Herausforderungen überhaupt nicht gewachsen war. Einer Gedichtsammlung aus den Kriegsjahren gab er den aussagekräftigen Titel *Le Devoir*, dem er später noch ein *et l'Inquiétude* hinzufügte: Pflicht und Unruhe.

Galas briefliche Beschwörungen des geteilten Glücks in hoher Einsamkeit kreisen immer wieder um die Leseerlebnisse, die bislang ja den größten Teil der Gemeinsamkeit ausgemacht hatten. „Allein mit Dir und den Büchern. Und ich würde dann gut und viel lesen, und ich würde Dich recht bald einholen, denn ich fühle, daß ich einen Fortschritt gemacht habe." (26.11.1916) Gleichzeitig zeigte sie sich nach wie vor als gelehrige Schülerin:

„Schreibe mir, was ich lesen soll, ich will diese Woche der 'Lesung' widmen." (17.11.1916)

„…ich lese Verse und Prosa. Ich habe an einem Tag fast ein ganzes Buch geschafft. Ich lese alles. […] Sehr und immer mehr mag ich G. Apollinaire – das Gedicht, das zur Hochzeit von André Salmon gelesen wurde. Es gibt recht schöne Gedichte von Jules Romains. […] Ich lerne noch mehr Französisch als früher." (um den 20.11.1916)

„Ich habe in Russisch 4 Strophen eines Gedichts geschrieben und ich kann nicht mehr russisch schreiben – ich verliere meine Sprache, ich vergesse das Russisch." (22.12.1916)

Weniger aus eigenem literarischem Ehrgeiz denn für den Hausgebrauch, als produktiven Zeitvertreib, gewissermaßen als Sprachübung, übersetzte sie Literatur aus dem Französischen in ihre Muttersprache, und genauso boten sich die Bücher als Brücken an, die ihr den abwesenden Paul wieder näherbrachten. Ähnlich wie Simone Breton bedauerte sie: „Ich habe kein Gedächtnis." (26.11.1916) Ihre Gedanken waren nicht auf einen Beruf oder die Planung eines Familienlebens, sondern darauf gerichtet, die Liebe in ihrem ursprünglichen Zustand wieder heraufzubeschwören.

„Und wir werden stark sein und nach dem Krieg Du wirst sehen leben wir wie die Könige – unabhängig, allein, mit Büchern für uns, mit Liebkosungen nur von uns und nur für uns. Wir werden das absolut intime Leben haben. Und Du wirst sehen, daß Du so 'absolut' sein wirst, wie sehr Du es Dir wünschst. [...] Ich werde keine Freunde haben weder russische noch französische, ich möchte keine Freunde haben." (um den 20.11.1916)
„Ich möchte schrecklich gern mit Dir ganz abseits von der Welt leben, weit weg sogar von Deinen Eltern." (26.11.1916)

Doch gerade das war zunächst aus ökonomischen Gründen unmöglich. Nun, da Gala inoffiziell schon zur Familie gehörte, mußte auch schnell geheiratet werden, zumal Paul und Gala auf Kosten der Grindels lebten, denen sie dadurch besonders verpflichtet waren. In einem Brief an die Eltern versicherte Éluard, daß ihre „einfache Verbindung ihre Lebensbedingungen keinesfalls ändern und dadurch vor allem niemand geschädigt noch betrogen" werde. „Unsere standesamtliche und kirchliche Eheschließung wird sein wie etliche Eheschließungen in diesen verfluchten Zeiten des großen Krieges. In Anbetracht der fehlenden Zeit und der Unmöglichkeit, alle einzuladen, wird niemand eingeladen werden ... Ich will einfach nur zivil und christlich heiraten."[13] Die konfessionelle Trauung entsprach Galas Wunsch. Paul erhielt vier Tage Fronturlaub, nach denen er sofort wieder abreisen mußte; er eilte direkt aus dem Felde zur Zeremonie, die am 21. Februar 1917 in der Mairie des XVIII. Arrondissements ziemlich unspektakulär vonstatten ging. Trauzeugen waren ein Onkel und eine Cousine des Bräutigams. Niemand war aus Kasan gekommen, und Freunde hatte Gala in Paris noch nicht. Aber ihr extravagantes, grünes Brautkleid erregte das ganze Aufsehen der braven Bourgeois und ließ eine erste Ahnung von Galas künftiger Karriere nicht als Hausfrau und Mutter, sondern als Enfant terrible der surrealistischen Kreise aufkommen.

Die Ehe hatte für Gala mit exklusiven Glücksvorstellungen zu tun, welche jener Exotik entsprungen waren, die das westliche Ausland und die Metropole Paris ihr von jeher versprochen hatten.

„Ich liebe den höheren Luxus. Das heißt, nicht den Luxus der Dinge, sondern den im Geist, im Gefühl usw. usw."
(um den 20.11.1916)
„Ich mache nicht gern den Haushalt, aber mir scheint (Deine Mutter sagt es auch), ich könnte es sehr gut. Aber niemals werde ich wie eine Hausfrau aussehen, ich werde sauber und schmuck sein (hell gekleidet, parfümiert und mit gepflegten Händen) und ich werde viel viel lesen. Ich werde als Zeichnerin oder als Übersetzerin arbeiten. Ich werde alles tun, aber ich werde aussehen wie eine Frau, die nichts anfaßt. Meine Mutter nennt mich die 'Prinzessin auf der

Hochzeitsfoto, 1917

Erbse', weil ich niemals etwas getan habe, nicht einmal für mich. Und ich werde für Dich den Haushalt machen. Du wirst sehen, er wird bei uns sehr schön, sehr sauber sein. Aber niemand wird mich arbeiten sehen, nicht einmal Du. [...] Ich hasse die Hausarbeit, sie bringt nichts ein und sie verbraucht die Kräfte, die armen kleinen Kräfte der Frauen." (ca. 20.11.1916)

Wenngleich Galas Berufspläne sich nicht realisierten, so hatte sie sich dennoch dem verhaßten reproduktiven Hausfrauendasein zu entziehen gewußt. Auch die Geburt der Tochter Cécile am 11. Mai 1918 erlebte Gala als negatives Ereignis. An die Tochter gab sie die Nichtbeachtung durch ihre eigene Mutter weiter. Cécile lebte die meiste Zeit bei den französischen Großeltern. Gala war selbst noch viel zu sehr Kind, so sehr mit sich selbst beschäftigt und brauchte ein so hohes Maß an Aufmerksamkeit, daß sie außerstande war, diese dritten zuzuwenden. Von der neuen Verantwortung fühlte sie sich völlig überfordert. Éluard ermahnte Gala auch später immer wieder, sich doch ein wenig um die gemeinsame Tochter zu kümmern: „Cécile wächst, wird immer dünner und melancholischer." Kein Wunder, daß Cécile es zeitlebens ablehnte, sich über ihre Mutter zu äußern. Sie fühlte sich als Außenseiterin in einer Welt, in der es nur um die Kunst und die Liebe ging, die andere Menschen miteinander teilten und von der sie selbst nichts bekam.

Unmittelbar nach der Rückkehr aus dem Krieg stieß Éluard im März 1919 durch Vermittlung seines Freundes Jean Paulhan zum Kreis um André Breton, der von ihm sagt: „Seine außergewöhnliche Zurückhaltung, sein besänftigendes, vermittelndes Wesen, sein beispiellos zugespitzter Blickwinkel auf die Dinge fesseln mich [...]"[14] Éluard, der sein Geld durch Geschäfte verdiente, die ihm sein Vater, inzwischen Immobilienmakler, zuschusterte und die dem Musensohn überhaupt keinen Spaß machten, bot die Gruppe aus Gleichgesinnten die unentbehrliche soziale und künstlerische Integration. Er veröffentlichte Gedichte in der frisch aus der Taufe gehobenen Zeitschrift *Littérature,* und getragen von neuem Selbstbewußtsein gab er 1920 im Rahmen seiner Dada-Aktivitäten sogar eine eigene Postille, *Proverbe,* heraus. Zwar war Éluard bei allen Kundgebungen der Pariser Dada-Phase mit von der Partie, sein besonderes Interesse an Sprachtheorie individualisierte ihn aber innerhalb der Gruppe. Ein Mitstreiter, Georges Ribemont-Dessaignes, bescheinigte ihm sogar, im Geiste niemals zu Dada gehört zu haben.[15] Getrieben von Pflicht und Unruhe, gehörte er jedoch zu den Meistgesehenen bei den Veranstaltungen der Gruppe, schrieb für ihre Blätter, übernahm Rollen bei Aufführungen dadaistischer Stücke. Auch Gala scheute nicht vor Publikumsauftritten im Rahmen der Dada-Spektakel zurück: Am 27. März 1920 wurde in der *Maison de l'Œuvre* ein Bühnenstück aus der Feder Bretons und Soupaults, *S'il vous plaît,* aufgeführt. Gala deklamierte: „Das Paradies beginnt dort, wo wir es für richtig halten. Der schiefergraue Tag hat blaue Autohupen, bei Nacht fliegen wir über eine silbrige Palme."[16]

Galas Anwesenheit trug nicht unwesentlich zu Éluards Image bei. André Thirion erinnert sich, daß Éluard ein Aktphoto von Gala in seinem Portefeuille mit sich herumtrug und stolz herumzeigte. Auch schien er – in einer Zeit, da alles Russische en vogue war – gern zu erwähnen, wie aufregend und gleichermaßen anstrengend es sei, mit einer Russin verheiratet zu sein.[17] Gala, stets elegant gekleidet, gab sich bei den Zusammenkünften im Café *Cyrano* so distanziert, daß jedermann sie für arrogant hielt. Thirion liegt mit seiner Einschätzung sicher richtig, daß sich hinter ihrem Verhalten vor allem tiefgreifende Unsicherheit versteckte[18] und sie gar nicht so

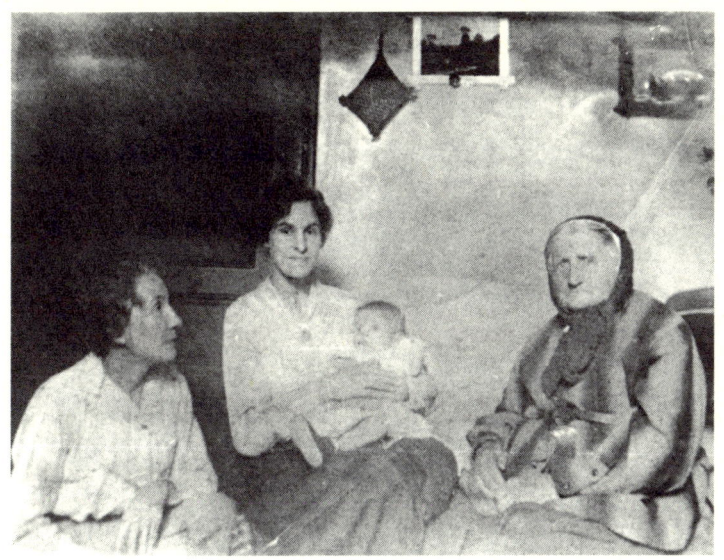

Vier Generation von Frauen der Familie Grindel-Eluard um 1918:
Pauls Mutter, Gala mit Cécile auf dem Arm, Großmutter Grindel

unbedarft und desinteressiert gewesen sei, wie sie wirkte:
„Noch besser als Elsa Triolet wußte Gala, was sie wollte: Her-
zens- und Sinnenfreuden, Geld und die Gesellschaft eines
Genies. Sie wird die Reinkarnation einer Bettina von Arnim
gewesen sein, nur mit mehr Sinn für das Praktische. Für Politik
und Philosophie interessierte sie sich nicht, bewertete Menschen danach, was sie in der realen Welt leisteten, und tat die
ab, die mittelmäßig waren."[19] Wo aber von jedem einzelnen
ein surrealistischer Konsens – mit anderen Worten: die Unterordnung unter Bretons Diktat – verlangt wurde, da galt schon
bloße Distanziertheit als Arroganz. Ihre noch verborgenen
Ansprüche, ihr scharfer, beobachtender Blick und die schein-
bare Überheblichkeit führten dazu, daß Gala im allgemeinen
unbeliebt bei den jungen Männern war.

„Wenige Frauen in unseren Versammlungen: nur Mme Breton und Gala Éluard, zuweilen auch André Massons erste Frau waren dabei. Von den dreien hatte Gala am meisten Persönlichkeit: Diese magere Sklavin mit den weißglühenden Augen schien von einem (bösen?) Genie besessen zu sein; sie hatte etwas von einer Hexe, einer jungen, charmanten Hexe, die ihren Zauber verbreitete und drohte, Zwietracht in der Gruppe zu säen."[20]

Soupault streitet in seinen Memoiren sogar Galas Mitwirken an seinem Bühnenstück ab: Nein, sie habe sich über das Trio, das er mit Breton und Aragon bildete, immer nur lustig gemacht.[21] Zudem war es ihr gesteigerter Hang zur Dramatik, der ausgerechnet denen auf die Nerven ging, die sich doch selbst dem lautstarken, öffentlichen Krawall verschrieben hatten. „Opéra, opéra", faselte der in Hypnosezustand versetzte Desnos auf die Frage, ob Gala bald sterben werde.[22] Wenig aussagekräftiger Unsinn, der aber auf Galas Liebe zu dramatischer Selbstdarstellung großen Stils anspielte. Durch diese erschien sie den Avantgarde-Aktivisten wie eine Bedrohung. „Von ihr gelobt zu werden, ist das einzige, was zählt", schwärmte Éluard.[23] Breton richtete an Gala ein paar Zeilen, die auf Éluards Kult um seine Frau gemünzt gewesen sein dürften: „Für Gala, auf deren Brüsten der Hagel eines gewissen Traumes von Verdammung schmilzt. André Breton." (14.12.1923) Derlei Hingabe des Freundes, der seine Frau zur Actrice seiner erotischen Phantasien machte, war Breton, der jeden fremden Einfluß beargwöhnte, durch den seine Freunde ihm hätten abtrünnig werden können, ein Dorn im Auge. Im Gegensatz zu Simone Breton, die einige Jahre später im *Bureau Central de Recherches Surréalistes* pflichtbewußt ihre Dienste versah, behielt sich Gala sporadische, unvorhergesehene Starauftritte vor. Auch das Verhältnis zwischen ihr und

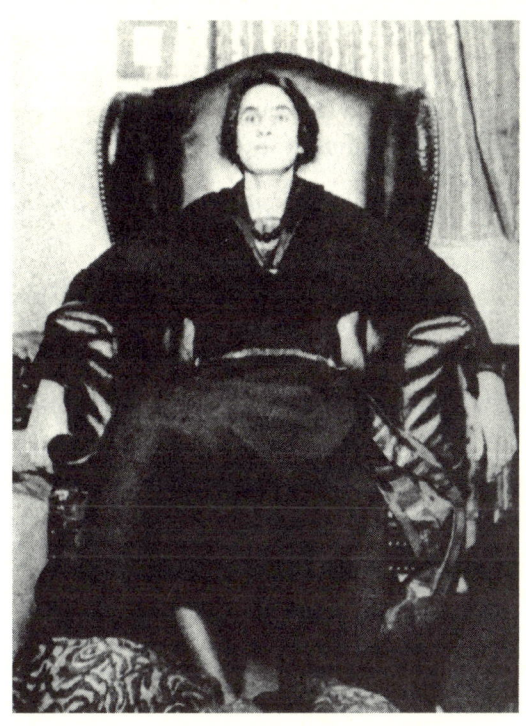
Gala als surrealistisches Medium, um 1925

Éluard war von vornherein ein anderes als jenes zwischen Breton und seiner Frau Simone, die sich dem Surrealistenchef und Ehemann weitgehend unterordnete. Beide Frauen boten Blickfänge innerhalb der Männerschar, beide wurden sie in die Pose gebannt – doch während Simone immer mehr darunter litt, lernte Gala die Chance zu erkennen, die sich für sie als Frau in der aus Männern bestehenden Gruppe ergab: Sie nutzte die Faszination des weiblichen Mythos, indem sie sich ausgiebig von jenen Männern feiern ließ, die ihr das Äußerste an Hingabe entgegenbrachten.

Die produktiven Missverständnisse der Liebe

Das Paar lebte nun nicht mehr in der Rue Ordener, sondern in einer eigenen Wohnung in St.-Brice bei Paris, doch die erträumte Zweisamkeit zwischen Gala und Paul wollte sich nicht recht einstellen: Von der Avantgarde-Familie in Anspruch genommen, teilte Éluard seine Liebe zwischen Gala und den Freunden auf. Aus dem Paar wurde bald ein Trio: Éluard war so begeistert von den Bildern Max Ernsts, die in der heute legendären Ausstellung in der Buchhandlung *Sans pareil* zu sehen waren, daß er den Maler auf der Stelle kennenlernen wollte, der als deutscher Staatsbürger nicht persönlich aus dem besetzten Rheinland zur Vernissage erscheinen konnte. Ein folgenreicher Tag war der 4. November 1921, an dem die Éluards bei Max Ernst und seiner Frau Lou Straus in Köln eintrafen. Sie blieben eine Woche; André und Simone Breton hielten sich auf der Rückreise von Wien auch gerade dort auf. Über die Kunst verständigte man sich sogleich; Éluard gehörte zu den ersten Käufern von Ernsts Gemälden. Es folgte ein Gegenbesuch in Paris, für den Éluard dem neuen Freund seinen eigenen Paß zukommen ließ, so daß dieser 1922 die Grenze als Eugène Grindel passieren konnte. In Paris kam es – seit der Euphorie der Kölner Tage wohl beschlossene Sache – zur fruchtbaren Zusammenarbeit der beiden Männer: *Répétitions* (Wiederholungen) und *Les malheurs des immortels* (Die Unglücksfälle der Unsterblichen) vereinten Éluards Texte und Ernsts Collagen. Mit dessen Abschied von Köln vollzog sich gleichzeitig die Trennung von seiner Frau. Auf Einladung der Éluards quartierte er sich bei ihnen in St.-Brice ein, später dann in Eaubonne, in der nordwestlichen Banlieue von Paris, wo die Éluards eine Villa bezogen, die von Max Ernst mit Wandfriesen ausgestattet wurde.

Derweil Éluard sich geschäftlich oder in künstlerischer Mis-

In Köln, im Atelier von Max Ernst (1921):
Gala Éluard, Max Ernst, Johannes Baargeld, Louise Ernst,
Paul Éluard mit Jimmy Ernst auf den Knien

sion in der Stadt aufhielt, hatten der Maler und die Strohwit-
we Gelegenheit, sich näherzukommen, eine Situation, die von
Éluard zumindest halbwegs intendiert gewesen zu sein
scheint. Éluard, von Soupault als „Sexbesessener" und „Por-
nograph ersten Ranges"[24] tituliert, in einem Wortspiel von
Robert Desnos zum „poète élu des draps", zum „auserwählten
Poeten der Bettlaken" ernannt, bot seinen Freunden Gala zum
Beischlaf an – und Gala wird gewußt haben, ihre Wahl zu treffen. Als Fremde in Frankreich fand sie sich im Boheme-Milieu
wieder, in dem Extravaganzen, Exzentrik und Libertinage
zum guten Ton gehörten. Gala war mit weitaus größerer
Selbstverständlichkeit als eine Frau aus der französischen
Bourgeoisie imstande, sich auf die Spielregeln der Surreali-
sten einzulassen. Über das gesellschaftliche *comme il faut* hatte

sie sich bereits durch die Verweigerung des vorgezeichneten Lebens in Rußland hinweggesetzt. Der neue Lebensstil hatte nurmehr Modellcharakter – war eine Möglichkeit unter anderen. Éluard kultivierte eine Erotik des Blicks und der Teilhabe; seine Frau stachelte er zu einem Verhältnis mit Max Ernst an, denn er wollte den besten Freund an seiner großen Liebe teilhaben lassen, wünschte gar, daß Gala und Max in seiner Gegenwart miteinander schliefen – eine Spielart der Homoerotik, dem Bruder im Geiste den Körper seiner Frau zu leihen.

Mit einer solchen Praxis wurde nicht nur erklärtermaßen das bürgerliche Ehegeheimnis aufgelöst, das surrealistische Liebes-Konzept entsprach sicher auch den individuellen Wünschen seiner Vorkämpfer. Die Liebe war Éluards Religion und Gala sein Abgott. Im Unterschied zur Vergeistigung der *amour fou* bei deren Theoretiker Breton war Éluards Liebe durchgängig an Erotik gebunden, an die poetische Verehrung von Körperregionen, in der seine Briefe an Gala schwelgen. Gala wurde zur Geliebten und zum Fetisch in einer Person; sie den Freunden vorzuführen, kam einem Stammesritual gleich, das der Befriedigung von Éluards Mannesstolz dienen konnte. Wie ihren Träumen vom Glück im Elfenbeinturm zu entnehmen ist, entsprach diese veräußernde Handhabung der Liebe keineswegs Galas ursprünglicher Sehnsucht nach Zweisamkeit mit Paul. Doch als sie erkannte, daß das Eheglück zu zweit nicht funktionierte, welches sie sich sowieso nicht nach bürgerlichem Vorbild, sondern als leidenschaftliche und treue Geliebte eines phantasiebegabten Mannes ausgemalt hatte, scheint sie immer größeren Gefallen an der polygamen Verehrung und der eigenen Lust gefunden zu haben. An die Stelle der Intimität mit Éluard trat das Faszinosum, höchstselbst Zentrum eines Liebesmythos zu sein. Als aufsehenerregender Mittelpunkt der Liebe zu dritt übertraf sie nicht nur die sexuellen Träume der bürgerlich erzogenen Männer, sondern auch

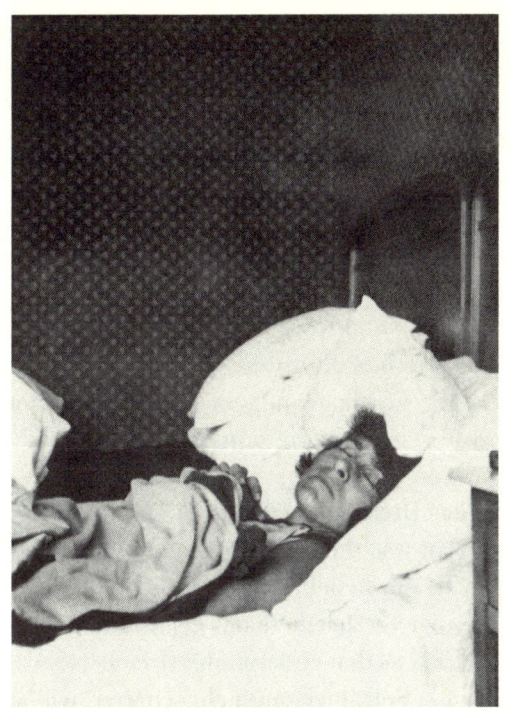

Gala, um 1925

den Entwurf der Künstler, die von der Liebe als Utopie und
von der Frau als einem Medium sprachen. Éluards Poesie
brauchte die Negativität der Liebe, deren Unerfülltheit den
produktiven Überschuß bewirkte. Wie überfordert er von seinen eigenen libertären Ansprüchen in Wirklichkeit gewesen
sein muß, verraten die inquisitorischen Befragungen während
der Hypnosesitzungen, als „Gala angestrengt versuchte, A.
[Breton] weiszumachen, daß er mit ihr hätte schlafen wollen,
wenn er sie unter anderen Umständen getroffen hätte, worauf
er nur mit Ausflüchten antwortete; als sie auch ihren Mann
fragte, ob er es wagen würde, mit einer anderen Frau zu schlafen, stürzte sie ihn in Verwirrung, trotz seines mutigen Ja"

(Simone an Denise, 30. 3. 1922). Anders als Simone Breton hatte Gala die Schranken der weiblichen Sozialisation niemals als die Grenzen ihrer Persönlichkeit anerkannt. Als krude Brutalität empfanden die Surrealisten in der Realität das, was sie in der Literatur verkündeten: die befreite Liebe. Je selbstbewußter Gala ihre eigenen Interessen verfolgte, desto mehr erregte sie Anstoß – nicht als intellektuelle Bedrohung, wie Elsa Triolet, sondern als erotische Gewalt. Immer besser entsprach sie dabei paradoxerweise dem Bild der von den Surrealisten zelebrierten, künstlerisch überformten Frau: Gala erschien als der weibliche, ungezügelte Dämon, der von den Männern wohlweislich in die Kunst verbannt und dort gebändigt worden war.

So stellte das Dreiecksverhältnis einen Störfaktor im Gruppenkonsens dar, was die Dada-Expedition 1922 nach Tarrenz in Tirol, damals ein beliebtes Reiseziel der Boheme, deutlich machte. Offenbar veranstaltete das gemischte Trio ein solches Brimborium, daß es den anderen die Urlaubsfreude vergällte. Tristan Tzara: „Selbstverständlich scheren wir uns einen Dreck darum, was sie tun oder wer mit wem ins Bett geht, aber warum muß diese Gala Éluard daraus ein Drama à la Dostojewskij machen! Das ist lästig, unerträglich, unerhört!"[25] Auch Soupault fand, daß Gala ihre Gefühle für Max Ernst nicht an die große Glocke hängen müßte.[26] Nie sind es die Buhlen, immer ist es Gala, die Frau, der die Schuld zugeschoben wird. Max Ernsts Sohn Jimmy, der Gala haßte, weil sie das Familienglück zerstörte, wiederholt das gängige Muster, wonach Gala die Sünderin ist. Sein Vater habe nie an „diese russische Theatralik" geglaubt und Gala nie ernst genommen.[27]

„Seine [Dalís] Frau Gala war eben die Frau, die, damals noch mit Paul Éluard verheiratet, meinen Vater so becirct hatte, daß er 1922 Lou Straus-Ernst und mich verließ. [...]

Zu dritt in Tirol (1922): Max Ernst, Gala und Paul Éluard

Dieselbe Frau, die meine Mutter als 'dieses schleichende, glitzernde Geschöpf … dieses fast lautlose, gierige Weibchen …' beschrieben hatte. […] Eines Nachmittags war ich in der Galerie, und aus dem Fahrstuhl traten Dalí und seine Frau. Gala Dalí ging an mir vorbei, blieb stehen und sagte etwas zu Julien über meine bemerkenswerte Ähnlichkeit mit Max Ernst. Julien machte uns mit kaum verborgenem Vergnügen miteinander bekannt. Siebzehn Jahre danach und tausende von Meilen entfernt von jener ländlichen Szenerie in Tirol paßte die Frau mit dem kühlen Lächeln, die da vor mir stand, noch immer in jeder Beziehung zu der Beschreibung meiner Mutter. Auch jetzt hatte sie etwas Raubkatzenhaftes. Die tiefliegenden Augen ließen unter der Alabasterhaut einen Schädel ahnen, der Gefahr bedeutete. Dies war eine unkeusche Jagdgöttin Diana nach dem Töten, Gesicht und Körper abweisend, gleichgültig, dennoch in beständiger Erwartung namenloser Sinnenfreuden."[28]

Indem er seine Mutter vor der skrupellosen Erotomanin in Schutz nimmt, übersieht Jimmy Ernst jedoch, daß sein Vater, der im Laufe seines Lebens mehr als einmal die Lebensgefährtin gewechselt hat, zu besagtem Zeitpunkt längst aus seiner ersten Ehe ausgebrochen war. Lou Straus hatte versucht, sich mit Éluard zu verständigen, um dem Verhältnis ein Ende zu bereiten, das dieser als innigsten Freundschaftsdienst doch selbst geschürt hatte. Konnte sie unmittelbar nichts ausrichten (und schon gar nichts, was Max Ernst wieder zu ihr geführt hätte), so kriselte es bald von allein im Innern der Dreieinigkeit. Max Ernst war zur Hauptfigur eines Lust-Spiels geworden, in dem Éluard sich mittlerweile zu einer Nebenrolle verdammt sah. Er ertrug den in eigener Regie erschaffenen Zustand nicht länger, wurde die Geister, die er gerufen hatte, aber auch nicht mehr los. Als die Eifersucht ihn zu stark plagte, ergriff er die Flucht. Im Stile des von den Surrealisten verehrten Vorbilds Arthur Rimbaud, der nach Abessinien verschwunden war und dem Schreiben abgeschworen hatte, schiffte sich Éluard am 15. April 1924 in Marseille ein, um für sieben Monate in Indochina unterzutauchen.

> „Lieber Vater, mir reicht es. Ich verreise. Ich überlasse Dir alle Geschäfte, die Du für mich in die Wege geleitet hattest. […] Schicke mir weder die öffentliche noch die private Polizei hinterher. Der erste, der mir in die Quere kommt, den mach' ich unschädlich. Das wäre doch schade für den guten Ruf deines Namens."[29]

Ohne Vorwarnung ließ er Frau und Tochter alleine zurück. Simone Breton berichtete ihrer Cousine Denise:

> „Seit Montag ist Éluard verschwunden, mit 17 000 Francs; er hat einen Rohrpostbrief hinterlassen, in dem er seinem Vater droht, jeden umzubringen, den er auf die Suche nach

ihm schicke. Der Aufbruchswille hatte schon lange vorher Besitz von ihm ergriffen, in letzter Zeit verbrachte er die Nächte mit Noll und Aragon in Champagnerbars, er verpraßte sein Geld, war betrunken, hatte Angst davor, sich alleine schlafen zu legen. Nun ist er fort. André meint, daß wir ihn nie wiedersehen werden. Gala, die Kleine, befindet sich in einer unmöglichen Situation, mit 400 Francs und auch wegen Max Ernst. Ihre Schwiegereltern werden sie nur unterstützen, wenn er geht. Dabei ist er alles, was ihr bleibt. André hat sie heute gesehen, sie war ganz ruhig. Sie will arbeiten gehen."[30]

Dazu kam es zwar nicht, aber Gala zeigte sich angesichts der mißlichen Lage recht beherzt. Sie verkaufte einige der Bilder aus Éluards Sammlung, was ihr die Existenz sicherte. Nicht willens, die Rolle der sitzengelassenen Ehefrau zu übernehmen, schickte sie auch den Liebhaber nicht fort, sondern unternahm mit ihm eine Reise in seine Heimat. Sie kannte die Allüren des ihr angetrauten Genies inzwischen bestens und durchschaute seine Verzweiflungstat als dramatische Geste des Dichters. Statt zu einer Milderung führte Éluards theatralischer Aufbruch so nur zu einer Verschärfung seiner Eifersucht. Er flehte Gala an, sie möge zu ihm kommen, und drohte mit Selbstmord. Die Grindels befürchteten das Schlimmste für ihren Sohn und beschlossen, daß Gala ihn heimholen solle. Sie finanzierten der Schwiegertochter mitsamt ihrem Geliebten die Reise nach Saigon, in der Hoffnung, daß es im fernen Osten zu einer eherettenden Aussprache unter sechs Augen kommen möge. Tatsächlich kamen die Dinge wieder ins Lot; Max Ernst reiste alleine weiter durch Asien, zu zweit traten die Éluards den Rückweg nach Frankreich an. Dies war das Ende der Dreierbeziehung. Die Freundschaft zwischen den beiden Männern fand im Laufe eines Abends bei den Bretons mit einer Prügelei ihr rabiates Ende. Ernsts neue Freundin und zukünftige Frau Marie-Berthe habe ihm aus heiterem Himmel und ohne jeden Grund böse Vorhaltungen gemacht, schrieb Éluard an Gala.

> „Erst habe ich die Dame angefaucht, und da ich der Meinung war, daß der Herr mich übel hintergangen hat, habe ich ihn schließlich einen Lügner geschimpft und ihm die Freundschaft aufgekündigt. [...] Deshalb hat mich Monsieur, das Schwein, geboxt. [...] Max werde ich niemals wiedersehen. NIEMALS." (25.5.1927)

Doch auf der Ebene der Kunst, dieser getreuen gemeinsamen Geliebten, sollte es in Gestalt weiterer Co-Produktionen schon bald zur Versöhnung der beiden Männer kommen, wenngleich die Freundschaft nur noch ein Schatten dessen war, was sie vorher bedeutet hatte.

Die Urteile der Zeitgenossen über den Ausgang des Dreiecksverhältnisses gehen alle in dieselbe Richtung: Éluard ist das bemitleidenswerte Opfer seiner egoistischen Frau. Denise Tual, Frau des Filmemachers und einstigen Dada-Anhängers Roland Tual, sieht in ihr eine Schwester der biblischen Eva, den Prototyp der sündigen Versucherin, deren Handeln durch und durch intrigant ist: „Ich glaube nicht, daß Ernst lange brauchte, um Gala zu durchschauen. Er malte sie von einer ekligen Schlange umwunden. Das hat er ganz richtig gesehen."[31] Selbst Simone Bretons mitfühlendes Verständnis für Gala in der Zwangslage, in die sie Éluards Flucht gebracht hatte, verwandelte sich in Abneigung, nachdem der Vermißte wieder in Paris und in der Rue Fontaine aufgetaucht war.

> „Gala wußte seit Monaten, wie es um ihn stand. [...] Ich werde es ihr nie verzeihen, nicht ihre Lügen, aber ihr verlogenes Verhalten, als er abfuhr. Ich habe eine grenzenlose

Gala, um 1926

Abneigung gegen sie. Ich kann es nicht verzeihen, wenn
mir meine Gefühle genommen werden. André erst recht
nicht. Und wenn ich daran zurückdenke, wie sie mit Über-
zeugungen gespielt hat, die für mich heilig sind, möchte
ich sie anspucken."[32]

Simone spielt auf Galas unbeirrtes Fortführen ihres Verhält-
nisses zu Max Ernst an, durch dessen Aufgabe allein sie
Éluard von seiner Eifersucht erlöst hätte. Auch Claire Goll
nahm Éluard vor Gala, der „düsteren, schweigsamen Schönheit, die viele Männer fesselte", in Schutz.

„Sie bildete ein seltsames Paar mit dem Dichter Paul Éluard, der bleich, durchgeistigt und fast durchsichtig wirkte. Ihrer beflügelnden Rolle getreu, fühlte sie sich nur als Mittelpunkt einer Gruppe wohl. Paul Éluard war ein überempfindliches Instrument wie eine Stradivari, die tausend Vorsichtsmaßnahmen erfordert. Gala wagte nicht, einen so zarten Poeten in ihren stählernen Griff zu nehmen. Statt des Tambours oder der großen Pauke, die sie gebraucht hätte, hielt sie nur eine biegsame Liane in der Hand. Gala war fürs Köpfezusammenstecken und geheime Zusammenkünfte geboren; sie suchte stets Intrigen zwischen ihren surrealistischen Freunden zu knüpfen, wieder zu entwirren und, vor allem, die Karriere ihres Mannes zu lenken. Aber Éluard war zu stolz, um andere Register als die der Poesie zu ziehen. Geld und leichte Erfolge lockten den Sohn eines Lotterieeinnehmers nicht."[33]

Die argwöhnischen Geschlechtsgenossinnen scheinen Gala um Freizügigkeiten beneidet zu haben, die sie sich selbst nicht zugestanden. Immerhin hatte Simone Breton 1924 schon seit einiger Zeit eine Affäre mit Max Morise, die sie ihrem Mann aus schlechtem Gewissen verheimlichte. Simones Moralvorstellungen waren zwar nur noch ein bürgerliches Maskenspiel, ließen sich aber nur mühsam mit Galas offen zur Schau getragener Aufkündigung weiblicher Tugenden vereinbaren. Während Simone Breton ihr Ungenügen an der Ehe sehr ausdauernd mit der Verehrung für ihren Mann kompensierte, durchschaute Gala die Unsicherheiten Éluards, als deren Opfer sie sich zu diesem Zeitpunkt bereits gefühlt haben mag.

Für Gala war die künstlerische Arbeit ihres Mannes nur soweit interessant, als sie darin in Aktion treten konnte. Nachdem Éluards Liebe immer deutlicher in die Einsamkeit der

Dichtung abgedriftet war, für die sie nurmehr als Medium diente, verspürte sie Langeweile. Gala vermißte die Lebensintensität an der Seite des Dichters, dessen Berührungsängste sie in einen angebeteten Gegenstand verwandelt hatten. Die Moralprediger, die glauben, Éluard gegen Gala verteidigen zu müssen, sehen allesamt nicht, daß Éluard die Beziehung zu Gala von Beginn an untergraben hatte – wollen es nicht sehen, weil Éluard der Künstler ist, der durch seine Sprache verführt und durch sein Werk entschuldigt ist. Während des Krieges hatte der junge Ehemann, indem er – sicher ohne die Konsequenzen ins Auge zu fassen – leichtsinnig die gemeinsame Zukunft aufs Spiel setzte, bereits die Voraussetzungen dafür geschaffen, die Gala zum Alleingang trieben. Dann hatte er sich ins Dada-Abenteuer gestürzt, war daraufhin seinen surrealistischen Aktivitäten und den damit verbundenen Männerfreundschaften nachgegangen, hatte Gala in die Arme Max Ernsts getrieben, sich selber Liebschaften erlaubt und war schließlich Hals über Kopf zu einer Weltreise aufgebrochen, als ihm die Situation zu Hause zu unübersichtlich geworden war. Immerfort hatte Gala auf ihn warten müssen: in Rußland, im Hause der Schwiegereltern, in der Banlieue von Paris. Éluard war alles andere als ein Mann der Tat: Militärischer Einsatz, Beruf, Liebe, alles blieb für ihn Virtualität in einem literarischen Raum, zu dem Gala der Zutritt verwehrt wurde. So wirkt ihr landläufig als erbarmungslos gebrandmarktes Verhalten gegenüber Éluard wie eine Vergeltung für diese ständigen Beweise seiner Untreue und seines Egoismus und für die geraubten Illusionen ihrer in den Ursprüngen enttäuschten Liebe.

Das Verhältnis zwischen Gala und Paul hatte durch Max Ernst einen Sprung bekommen. Wenn Éluard auch weiterhin die Vereinbarkeit von Ehe und freier Liebe propagierte, so war er doch mißtrauisch geworden. Er hielt sich mehr bei seinen Freunden in Paris auf als draußen in Eaubonne. Die Monotonie, in der er Gala zurückließ, weckte in ihr erst recht die Abenteuerlust: Erneut verhalf ihr die Krankheit zu Erholungsreisen, wiederholten Fluchten vor einem Leben als Gattin und Mutter, die zu werden sie hatte vermeiden wollen, indem sie den Dichter mit den romantischen Wünschen geheiratet hatte. In dem Maße, wie der Surrealismus erstarkte, sich in voller Blüte entfaltete und seine wichtigsten Werke entstanden, steigerte sich die Unzufriedenheit der veruntreuten Gala. Zwischen 1925 und 1928 hatten sowohl Gala als auch Paul verschiedene Affären. Seine Briefe legen Zeugnis ab von seiner Angst, Gala zu verlieren; gleichzeitig werden von ihm aber auch wieder Liebesnächte geplant: Gala solle ihrem Liebhaber, dem Dichter André Gaillard, zu verstehen geben, er wünsche sich, „daß wir es wie vereinbart gelegentlich zu zweit mit Dir machen" (Juni 1929). Während sie ihre Unabhängigkeit ausbaut und ihre Macht auskostet, sucht Éluard nach Sicherheiten, selbst bei seinen vorübergehenden Geliebten:

„Siehst Du, im Augenblick habe ich Pomme bei mir, sie ist frei. Wenn ich sie fortgehen lasse, um zu Dir zu fahren, wie lange würde ich Dich dann halten können? Bald darauf wäre ich wieder allein, hätte noch mehr Zeit, mich zu langweilen und schrecklich verlassen zu fühlen. Du hast B. oder andere, die es noch geben wird, aber ich möchte nicht in der Einsamkeit verbittern. Die schöne, angenehme und ergebene Pomme ist für mich die Rettung." (Juli 1929)

Gala, nicht Éluard, den ihr Beischlaftalent bereits in der ersten Nacht so sehr erstaunt hatte, daß er ihr eine unkeusche Vergangenheit vorwarf, radikalisierte die Libertinage. Sie, die ihrem Mann geantwortet hatte, daß allein die Liebe zu ihm sie dazu befähige, mit allen Tabus zu brechen, suchte das Paar, für das die Erotik kein Fetisch und die kunstgewordene Liebe nicht ausschließlich Angelegenheit des männlichen Parts

Gala, Paul Éluard, Salvador Dali, Valentine Hugo
und René Crevel im Luna-Park um 1930

blieb. Galas Individualität gewann nicht durch eigene Kunstwerke Gestalt, sondern durch ihr Talent, die Erotik des Blicks
und der Selbstdarstellung für das eigene Weiterkommen zu
nutzen. Sie münzte ihre Passivität in Aktivität um, verwandelte
sich vom Objekt in ein Subjekt. Zwar verlieh Éluard ihr in seinen Gedichten Unsterblichkeit – viel unvermittelter aber vermochte ein bildender Künstler Galas Individualität wiederzugeben. Mit ihrem Abschied von Paris und von Éluard setzte sie
unter eine Jahre währende Ernüchterung einen Schlußpunkt.
Gala mußte sich zwangsläufig von Éluard trennen, sobald sie
der Rolle der kleinen Frau des großen Dichters entwachsen
war, der sie brauchte, um das Urbild seiner ersten Liebe
immer wieder aufs neue dichterisch zu entwerfen:

Als Unbekannte liebte ich sie am meisten
Sie, die mich der Sorge enthob, ein Mann zu sein,
Und ich sehe sie und verliere sie und ertrage
Meinen Schmerz wie etwas Sonne im eisigen Wasser.[34]

GALA-HELENA ODER DAS EWIGWEIBLICHE

Éluard und Dalí, die beide ihre Werke ähnlich schwungvoll signierten – die Buchstaben erscheinen wie gekreuzte Schwerter –, hatten sich im Frühjahr 1929 bei Kunstkäufen in Paris kennengelernt. Wie seinerzeit die Bilder Ernsts, hatten es dem emsigen Sammler Éluard nun die Gemälde Dalís angetan. Mit dem Plan einer künstlerischen Zusammenarbeit beider Männer besuchten die Éluards den Spanier noch im gleichen Jahr in seinem Haus im katalanischen Cadaquès. Dalí in seinen Memoiren:

> „Dieses Paar verkörperte für mich, den kleinen Provinzler, den Geist von Paris. Ihre Selbstsicherheit, ihre blasierten Mienen und ihr Luxus schockierten mich wie eine Herausforderung, und zugleich faszinierten sie mich, und Gala versetzte mich geradezu in Trance mit ihren Koffern nach der neuesten Mode, die sich, auseinandergenommen, in Schränke verwandelten und von Kleidern und feiner Wäsche überquollen."[35]

Dalí spricht in seiner Autobiographie von der Begegnung mit seiner zukünftigen Lebensgefährtin als einer Initiation, bei der ihm alle seine Ängste ausgetrieben wurden. Er erblickte Gala: Sie saß am Strand und hatte ihm den Rücken zugewandt – ein Rücken, der ihn faszinierte „wie einst der Rücken meiner Amme."[36] Dalí nahm jenes Angebot Galas an, mit dem Éluard so sträflich nachlässig verfahren war: als Paar die Liebe wie eine heilige Kommunion zu leben. Was Dalí durch die Liebe über sich erfuhr, machte er für seine Kunst und sein Leben urbar.

> „Ein Kuß besiegelte meine neue Zukunft! Gala wurde das Salz meines Lebens, das Härtebad meiner Persönlichkeit,

Salvador Dalí in Cadaqués, Sommer 1928
(Foto: Luis Buñuel)

mein Leuchtfeuer, meine Doppelgängerin – ICH. Fortan
waren Dalí und Gala verbunden in alle Ewigkeit."[37]

Lange noch wiegte sich Éluard in dem Glauben, die Lust des
Augenblicks könnte verfliegen wie in allen vorausgegangenen
Affären, doch diesmal irrte er sich. Éluard drängte zum Auf-
bruch, Gala machte keine Anstalten, die Koffer zu packen;
Éluard fuhr ab, Gala blieb. Die so oft verkaufte Braut hatte

sich nun aus freien Stücken ihrem Mann entzogen. Mit dem Jahresende 1930 war klar, daß Gala bei Dalí bleiben würde – eine Tatsache, der Éluard nie ganz ins Auge blicken konnte. Als sei es möglich, die Uhr zurückzudrehen und das Versäumte nachzuholen, richtete er für die gemeinsame Zukunft mit Gala eine Wohnung am Montmartre ein, doch dabei handelte es sich um seinen einsamen Akt der Beschwörung.

> „Ich habe in der Rue Becquerel übernachtet. Dort bin ich Deinem Geist begegnet, dem Geist unseres Lebens, das so voller Tränen und Liebkosungen war, so ganz von Dir erfüllt." (Feb. 1931)

Statt zum Ort wiederbelebten Familienglücks wurde die weiterhin von Éluard finanzierte Wohnung Anfang der dreißiger Jahre zur Anlaufstelle Galas und Dalís während ihrer Aufenthalte in Paris, die aber immer sporadischer wurden. Im Laufe des Jahres 1932 ging die Scheidung der einstigen Liebenden von Clavadel über die Bühne; Gala und Dalí heirateten im Oktober 1933 im spanischen Konsulat von Paris.

Im Laufe ihrer Ehe gab es gewiß genügend Streitereien und Skandale, doch bei Dalí fand Gala die erträumte Exklusivität der Liebe zwischen Mann und Frau; „allein zu zweit" löste Dalí das Versprechen der außergewöhnlichen Beziehung ein. Wie Max Ernst weder Franzose noch Dichter, war der spanische Maler immun gegen Bretons schulmeisterliches Diktat; er erlag nicht der Gefahr, vom Mikrokosmos der Pariser Avantgarde aufgesogen und wie Éluard von der großen Künstlerfamilie in Konkurrenz zur Ehe in Beschlag genommen zu werden. Als Dalí Breton 1928 in Paris kennengelernt hatte, hatte er in ihm noch „einen zweiten Vater gesehen. Damals glaubte ich, mir sei eine zweite Geburt beschieden. Die Gruppe der Surrealisten war für mich eine Art nährender Placenta, und ich glaubte an den Surrealismus wie an die Gesetzestafeln."[38]

Nicht lange aber, und er durchschaute die „dogmatische Beschränktheit", zu der Bretons Führungsstil früher oder später führen mußte. Gegenüber den Franzosen nahm sich der Spanier geradezu anarchistisch aus; genauso wie Gala war er ein Außenseiter in der Runde der surrealistischen Revoluzzer, die systematisch ihrer eigenen Bürgerlichkeit den Garaus machen wollten. Dalí trug exzentrisch nach außen, was die Surrealisten nur theoretisch formuliert hatten. Seine Provokationen erfüllten nicht die für alle Surrealisten verbindlichen Programmpunkte; er erklärte seine persönlichen Neurosen zum Ausgangspunkt seiner eigenen, einer „paranoia-kritischen" Kunst, statt sie in romantisierende Bildwelten umzuwandeln. Nicht der surrealistische Verbund aus Männern vermochte ihm daher einen Rückhalt zu geben, sondern die Komplizenschaft mit einer „Schwesterseele", die mehr als nur eine Geliebte für ihn war.

Während Galas Anwesenheit dazu führte, daß Dalí die Paranoia in seinem Werk geradezu zelebrieren konnte, blieb Éluard einem Schema verhaftet, wonach erst das Leiden an der Liebe ihn zum Dichter befähigte. Nicht die glückliche Liebe intensivierte sein Leben, sondern die unglückliche Liebe als ein Katalysator für die glückliche Kunst. Im Unterschied dazu konnte Dalí sich im Liebesverhältnis zu einer Frau durchaus selbstkritisch betrachten. Er verwandelte die Probleme, die er in der Beziehung zum anderen Geschlecht hatte, in den Gegenstand seiner Kunst und in einen Bestandteil seines persönlichen Mythos. Während der Dichter für seine Arbeit stets die Einsamkeit suchte und die Geliebte in seiner Nähe nicht brauchen konnte – auch wenn er ständig das Gegenteil beschwor –, verlangte der Maler ihre unmittelbare Anwesenheit. Als Modell im Atelier, direkt an der Wirkungsstätte des Künstlers, konnte sie über den Ausdruck des Kunst-Objekts Gala mitbestimmen. Ohne von dem schmeichelhaften

Salvador und Gala Dalí
(Foto: Cecil Beaton)

Mysterium Abschied nehmen zu müssen, das Éluard aus ihr gezaubert hatte, bezog Dalí sie nicht nur als Idee, sondern auch als leibliches Wesen in sein Werk ein. Demgegenüber war die Gala der Lyrik Éluards völlig abstrakt geblieben. Als Muse des Dichters hatte sie keinen Einfluß mehr auf das gehabt, was er – eingebettet in die surrealistischen Vorgaben – aus ihr machte; als Modell des Malers wohnte sie indessen der Schöpfung bei.

Gala trieb den Bilderkult um ihre eigene Person mit Dalí so auf die Spitze, daß am Ende die männlichen Phantasien regelrecht vorgeführt wurden. Ihr neugewonnenes Mitspracherecht äußerte sich schon bald auch in der Organisation des Künstlerpaares:

> „Jeden Morgen und jeden Abend ließ sie mich in meinem
> Atelier, vor meiner Leinwand zurück und ging mit einem
> Karton unter dem Arm fort, um einige der leuchtenden
> Früchte meiner Erfindungsgabe anzubieten [...]"[39]

Das zunächst beiläufig eingesetzte Talent, Bilder in bare Münze umzuwandeln, entwickelte Gala mit den Jahren zu ihrem Beruf, als Managerin ihres Mannes, die das Geschäftliche in die Hand nahm und es auf die Erwirtschaftung von Gewinn anlegte – eine Karrierechance, die sie in der Ehe mit Éluard, in dessen ökonomischer Abhängigkeit sie stets stand, nicht bekommen hätte. Das von Breton erfundene Anagramm „SALVADOR DALÍ – AVIDA DOLLARS" ist ein wenig schmeichelhafter, durchaus nicht zu Unrecht gewählter Titel, der von Claire Goll auch Gala verliehen wurde.

> „Sonia Delaunay, Elsa Triolet und Gala Dalí haben im Schatten ihrer Männer gelebt und sich rückhaltlos für deren Erfolg eingesetzt. Für diese Russinnen endet das Weltall an der Schwelle des Hauses. Draußen ist der feindliche, wüste

Dschungel. Sie betrachten das Leben als schlechte Komödie, die gar keine Beachtung verdient. Zwischen all den
Gnomen und Bösewichten gibt es nur eine Gerechtigkeit:
diejenige, die ihrem Mann nützt. Er soll der größte Maler,
der größte Kommunist, der größte Exzentriker sein. Wenn
das Leben schon nichts als ein Marionettentheater ist, muß
der Ehemann darin eine Rolle spielen, die einzige, die ihm
zukommt, die Hauptrolle. Sie selbst hocken in einer dun-
klen Ecke und ziehen die Fäden. Völlig im Dienst ihres Gatten konzentrieren sie alles Können und alle Energie auf sein
Vorankommen. Eigene Erfolge interessieren sie nicht. Wäre
es ihnen möglich, so würden sie das Haus nie verlassen.
Und wenn sie es tun, opfern sie sich für ihren Helden auf.
Ob verdrehte Mütter, ob rasende Ehefrauen, sie sind vom
Machttrieb besessen, aber die einzige Macht, die in ihren
Augen irgendwelchen Wert hat, ist diejenige, die sie auf den
Mann, der in ihrem Besitz ist, ausüben."[40]

Die Kunstsammlerin Peggy Guggenheim berichtet von den
Vorwürfen, die Gala ihr machte: „Sie hielt es für töricht, meine
ganze Existenz an die Kunst zu hängen. Ich täte besser daran,
einen Künstler zu heiraten und mich ausschließlich um sein
Fortkommen zu kümmern, so, wie auch sie ihr Leben eingerichtet habe."[41] Salondamen oder reiche Mäzenatinnen wie
Peggy Guggenheim bewegen sich in der Öffentlichkeit, ohne
jedoch ihre Aufgaben mit privaten Interessen zu vermischen,
und so geben sie keinen Anlaß zum Skandal. Gala aber war
Ehefrau, Modell und Sachwalterin in einer Person. Indem sie
traditionell einander ausschließende Kompetenzen übernahm, lag es auch in ihrer Macht, diese gegeneinander auszu-
spielen, bis sie sich schließlich auflösten. Sie konnte die
Kunstwerke ihres Mannes entmystifizieren und ihre eigene
Aura als Muse und Gegenstand dieser Werke zerstören, indem

sie diese als käufliche Ware behandelte. Sie schob sich als reale Person in den Vordergrund, hinter dem sich nicht nur die Muse Dalís, sondern auch dessen obskures Objekt der Begierde verbarg – die personale Identität dieser beiden Figuren bot aufsehenerregenden Stoff zur Genüge. Gala hielt sich nicht im Hintergrund, sondern trug offen zur Schau, was als Klischee weiblicher Lebensläufe offensichtliches Geheimnis bleiben soll: Hinter dem Künstler steht eine unbekannte Frau, ohne deren stilles Wirken die Entstehung seines Werkes fraglich gewesen und ohne die er nicht zu dem geworden wäre, der er ist. Gala aber produzierte sich als Macherin des Mannes – und der gestand dies selbst ein:

> „Gala wurde zu einem fundamentalen Katalysator meines Lebens. Mein visuelles und affektives Gedächtnis wird durch sie transzendiert. Ihr habe ich es zu danken – ihrer von meinem Ich empfundenen und akzeptierten Liebe –, daß ich dieses Bündel von Projektionen hervorzubringen vermag und imstande bin, daraus die stärksten und besten auszuwählen […]. Gala ist mir unentbehrlich, weil ich dank ihr mein Elixier herstellen kann, meinen Genuß und die Substanz der Kraft, die es mir erlaubt, mich selbst zu überwinden und die Welt zu beherrschen."[42]

Gala tastete noch ein weiteres Tabu an: Indem sie Einfluß auf „Dalís Verwandlung vom schüchternen jungen Mann zum zynischen Clown" nahm, rüttelte sie am überkommenen Bild männlicher Identität:

> „Um diese Verwandlung zu begreifen, mußte man Gala kennen. Wie Sonia Delaunay war sie eine Fanatikerin und von ungeheurem Machtwillen getrieben. Nachdem sie Dalí unter ihr Joch gezwungen hatte, formte, unterstützte und protegierte sie ihn. […] Gala hat seine Persönlichkeit syste-

matisch aufgebaut, ihn genötigt, sich zu bestätigen und selber zu übertreffen. Sie hat ihm die Welt vereinfacht, indem sie alle Entscheidungsmöglichkeiten auf eine Formel reduzierte: Treten oder getreten werden. Mit anderen Worten, es gibt Gewitzte und Trottel, Leute mit Geld und die ewigen Habenichtse. In Galas Augen war ein armes Genie verächtlicher als der geborene Idiot, denn statt sein Talent zu Gold zu machen, tauschte er es für trockenes Brot ein."[43]

„Wenn es Salvador Dalí nicht gegeben hätte, so hätte Gala ihn erfunden. Er war genau der Mann, den sie suchte: großspurig, aber ohne Stolz, bereit, um jeden Preis die Aufmerksamkeit zu erregen und Erfolg zu haben, und sei er der platteste und vulgärste. Für einen Künstler seines Ranges bedarf es schon ziemlichen Mangels an Selbstgefühl und Würde, um das Publikum mit der Länge seiner Schnurrbartspitzen oder mit einem Nashorn-Stockknauf zu verblüffen. Doch Gala verließ ihren Éluard, um Dalí in ihre Netze zu verstricken."[44]

Éluard, flehentlich: „Gala, wenn mir der Gedanke kommen sollte, daß zwischen uns alles vorüber ist, dann bin ich wirklich wie ein zum Tode Verurteilter, und zu welch einem Tode." (3.2.1930) Doch anstatt zu sterben, erfand er Gala immer wieder neu für sich, eine Bedingung für sein Überleben als Dichter. Gala lebte mit Dalí in Spanien; in Paris, im Hause Éluards, verblieb ein Geschöpf aus Erinnerung und Fiktion. Der Dichter und seine poetische Gala hielten einander ewige Treue: Wie Orpheus brauchte er Eurydike für sein Lied. Er hob sie aus der Geschichte heraus und formte sie zu einem Mythos um. An Éluards ungebrochener Fähigkeit, in ihr das Gravitationszentrum seiner Wünsche und Hoffnungen zu finden, ist zu erkennen, wie gering ihr Einfluß zuvor gewesen war – daß es in erster Linie um seine Identität als Künstler ging. Seine eigentliche Geliebte, die Dichtung, trägt Galas Namen; die sie stimulierende, von ihm immer wieder aufs Neue herbeigeführte Abwesenheit der geliebten Frau war nun endgültig eingetreten, doch Éluards schimärische Hoffnung auf ihre Rückkehr blieb bestehen, getreu der alten, romantischen Idee einer Liebe, die viel zu groß ist, um einen angemessenen Platz in der Welt finden zu können. Auf die Umfrage „Welche Art der Hoffnung setzen Sie in die Liebe?" in der *Révolution surréaliste* hatte Éluard erstaunlicherweise geantwortet: „Die anbetungsvolle Liebe tötet."[45] Obwohl er nicht lange allein und unbeweibt bleiben mußte, ließ er bis zu seinem Tod im Jahre 1952 nicht davon ab, Gala Liebesbriefe zu schicken, in denen er sie und die Erinnerung an das gemeinsame Leben verherrlichte. Was Gala dem Zurückgebliebenen entgegnete, ob sie auf sein Spiel einging, ihn zum Narren hielt, ob seine hartnäckigen brieflichen Gefühlsäußerungen sie gar quälten, bleibt im Dunkeln, denn ihre Antwortbriefe aus den Jahren zwischen 1924 und 1948 sind nicht erhalten. Éluard hatte sie nach dem Krieg eigenhändig vernichtet.

> „Ich hoffe (ich bin sogar sicher), Du bist ebenfalls der Meinung, daß wir vermeiden sollten, von unserem intimen Leben Spuren zu hinterlassen. In diesem Sinne werde ich Deine Briefe zerreißen…" (23. 11. 1946)

Éluards Klagen verraten allerdings, daß Gala „keine allzu eifrige Briefschreiberin" (21. 2. 1948) gewesen sein kann und ihre Antworten meistens kurz und knapp ausfielen, was Éluard aber schon ausreichte, um das Perpetuum mobile der Korrespondenz aufrechtzuerhalten. Wie er in der Jugend seine Gedanken auf eine gemeinsame Zukunft mit Gala konzentriert hatte, so schöpfte er nun Leben aus der Vergangenheit. Gala indessen wollte von den sentimentalen Erinnerungen an die gemeinsamen Jahre nichts mehr hören; auf ähnliche Weise hatte sie die frühen Jahre in Rußland aus ihrem Bewußtsein gelöscht. Éluard:

> „Ich kann nicht, ich mag mich nicht mit dem abfinden, was Du kürzlich in Arosa zu mir gesagt hast: daß Du keine Erinnerungen hast, daß Du keine haben möchtest. Mein ganzes Leben liegt in meiner Liebe zu Dir, mein ganzes Leben liegt in unserem Leben. Oder ich bringe mich um. Für uns gibt es keinen Anfang. Für uns ist alles gegenwärtig, muß alles gegenwärtig sein, und im Augenblick befinde ich mich ebenso bei Dir in Clavadel, in Versailles, in Bray, in Eaubonne oder in Arosa, wie ich hier bin, mit Dir, der Abwesenden, mit meiner großen Sehnsucht nach Dir: Wenn ich mir eine Vergangenheit, eine Gegenwart und eine Zukunft schaffen muß, dann kann ich mich gleich töten."
> (30.3.1929) – „Ich bin anders als Du, für mich zählen unsere Erinnerungen." (1.8.1930)

Erinnerungen speisten seine Träume, denen er, der Surrealist, die allergrößte Bedeutung beimaß. Sie drehten sich immer wieder um die allererste Frau, eine alterslose Gala in Clavadel, die wesentliche Eigenschaften des Kunstwerks auf sich vereint: Als Momentaufnahme gehört sie der Ewigkeit an. Gala behält das Gesicht von früher, das Gesicht einer vom Leben unverbrauchten Liebe. „Du bist noch immer das verwirrte Kind von Clavadel." (April 1930) „Seit siebzehn Jahren liebe ich Dich, und ich bin noch immer 17 Jahre alt." (27.4.1930) „Mit Dir habe ich mich entwickelt." (Februar 1934) Sein „kleiner Gott" ist „das nervöse, reine und pathetische Mädchen, das Du stets für mich gewesen bist" (30.7.1934), seine geschriebenen Küsse bleiben „andächtig" (2.5.1933). Der Mythos Gala, den er von Anfang an von der leibhaftigen Frau zu trennen gewußt hatte, war das makellose Gegenüber der häßlichen Realität.

„Ich war ein weiteres Mal mit Deiner Doppelgängerin ver-
abredet und sehr in sie verliebt, doch ohne irgendeinen
Bezug zu Dir herzustellen, ohne ein einziges Mal an Dich
zu denken. Es war ein Rendezvous in einem sehr vulgären
Ballsaal. Mir kam der Gedanke, daß dies eine falsche Hochzeit war, eine Hochzeit ohne Braut, und daß ich die Frau,
die sehr armselig am Nebentisch saß, zum Trinken verführen könnte." (29.1.1933)
„Wir betraten einen Gebirgspfad. [...] Du gehst weiter. Ich
schreie Dir zu, ich befehle Dir: Zurück! Zurück! Denn ich
habe gesehen, wie sich die Erde öffnet und der Weg ein-
stürzt." (April 1937)
„Wenn es Dich nicht mehr gäbe, würde mein ganzes Gerüst
zusammenbrechen. Könnte meine Hoffnung dann noch
überleben? Ich baue weite Brücken zum Leben hin, aber
Du bist deren Ausgangspunkt." (27.9.1939)

Éluard lebte mithilfe eines Konstrukts, in dem Gala die tra-
gende Rolle einer fernen Muse seiner Dichtung spielte. „Denn
ich glaube nicht, daß ich jemals mit einem anderen Menschen
leben könnte, weder mit Nusch noch mit einem anderen. Gala,
ich liebe Dich schon viel zu lange, ich habe zu lange schon mit
Dir zusammengelebt, zu lange habe ich – ganz gleich, wie Du
darüber denken magst – ganz nach Deinen Wünschen, Deinen
Träumen, Deinem Wesen gehandelt" (21.10.1939). Éluard
konnte es sich nicht leisten, Gala aufzugeben, da sie die Quelle seines poetischen Schaffens war. Claire Goll schrieb ihrerseits über ihren Mann Yvan: „Er wollte Krisen und Trennun-
gen. Das Wesen, das außer Reichweite war, stimulierte seine
Lust und seine Kunst. Wenn ich als wollüstiges Weibchen seinen Körper befriedigt hätte, wäre er bald ermattet, und seine
Bewunderung hätte die flüchtige Zeitspanne der Lust nicht
überdauert."[46] Der Dichter Éluard machte einen unablässigen

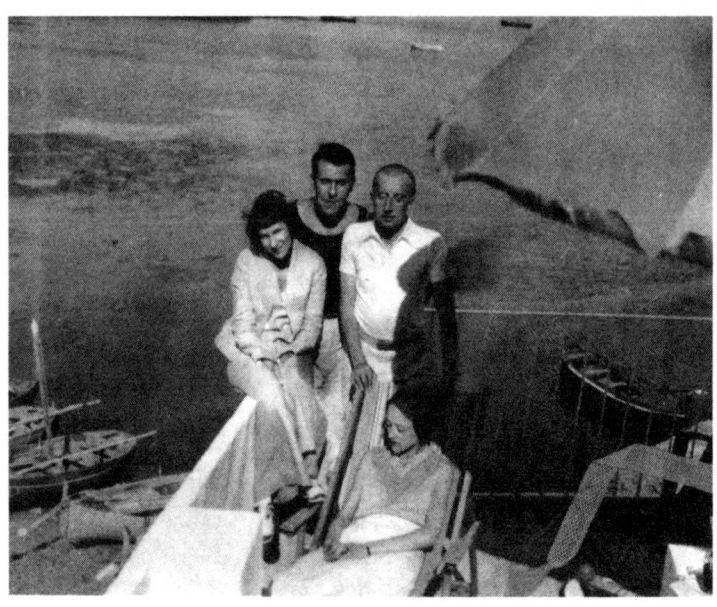

In Cadaqués (1930):
Gala, René Char, Paul Éluard und Nusch

Auf- und Abbau von Kräften durch; der Schwächung begegnete der Liebeskranke mit schöpferischem Tun, durch das er sich aufs Neue schreibend erleben und bestätigen durfte. Die Sprache behielt jene Reinheit, die Gala verloren hatte:

> „Als ich noch ganz jung war, habe ich meine Arme der Reinheit geöffnet. Dies war nur ein Flügelschlagen im Himmel meiner Ewigkeit, nur ein verliebter Herzschlag in der eroberten Brust. […] Alle Jungfrauen sind verschieden. Ich träume immer von einer Jungfrau. Die Liebe liebend."[47]

Was ihm Lebenselixier war, war gleichzeitig Gift für ihn.

Im Mai 1930 hatte Éluard während eines gemeinsamen Streifzugs durch Paris mit dem Freund René Char eine junge Frau aufgegabelt. Sie hieß Maria Benz und nannte sich Nusch. Sie und Éluard heirateten im August 1934, nur ein knappes Jahr nach Galas Hochzeit mit Dalí. Fortan gab es genaugenommen zwei Frauen in Éluards Leben, denn in der Literatur sind Gala und Paul ein Paar geblieben. Wie ambivalent die Gefühle des Dichters seinen beiden Frauen gegenüber waren, demonstrieren seine Briefe. 1930 schrieb er an Nusch:

„Meine liebe Kleine, [...] ich werde spätestens am Dienstag den 8. zurücksein und dich wieder in meinen Armen halten, zart und rein. Ich hoffe, es geht gut, daß du artig auf mich wartest, daß du meiner Liebe sicher bist, mein liebes Kindchen, meine schöne Nusch."

Tags darauf schrieb er an Gala:

„Ich denke nur an dich, ich bete dein Geschlecht an, deine Augen, deine Brüste, deine Hände, deine Füße, deinen Mund und deine Gedanken, all meine Gala."[48]

Anläßlich seiner erneuten Eheschließung schrieb Éluard 1934 an seine Tochter:

„Mein früheres Leben entschwindet. Ich hoffe, ich verschwinde nicht gleichzeitig mit ihm. Aber meine Jugend und auch deine Kindheit verblassen. Wir bleiben dieselben, meine liebe kleine Cécile, und wir haben uns sehr lieb. Du weißt, ich glaube, eine Liebe, die gelebt wurde, vergeht niemals. [...] Wenn du mich liebhast, mußt du auch Nusch liebhaben, denn sie ist und war eine große Hilfe für mich. Ohne sie wäre das Leben für mich unerträglich gewesen. Ihre Freundlichkeit ist ohnegleichen. Und sie hat dich wirklich lieb."[49]

Zwischen Nusch und Éluard bestand eine Art gegenseitiger Abhängigkeit. Als sie aufeinandertrafen, suchten beide nach

Nusch und Paul Éluard, um 1930

einem Rückhalt: Nusch, am 21. Juni 1906 als Kind einer Artistenfamilie in Mulhouse geboren, hatte eine Zeitlang in Berlin für Nostalgiepostkarten posiert und war dann in Paris Darstellerin im Grand Guignol, dem Sensationstheater der Vorstädte, gewesen. An Armut und ein unstetes Leben gewöhnt, fand sie in Éluard, der durch den Tod seines Vaters im Jahre 1927 zu einem kleinen Vermögen gekommen war, einen Versorger und einen Partner, der sie auf Händen trug. Éluard wiederum schien in Nusch eine hingebungsvolle, sanfte Begleiterin gefunden zu haben, die – so wie die Gala der frühen Briefe – tat, was er von ihr verlangte. Auch waren ihr die Künstlerkreise durch ihre Vorgeschichte nicht ganz fremd; sie wurde zu einem beliebten Modell Man Rays, beteiligte sich an surrealistischen Aktivitäten, wovon Collagen, Stellungnahmen in Umfragen und *cadavres exquis* zeugen. Gala, die schließlich nur noch zusammen mit ihrem neuen Partner zu Besuch kam,

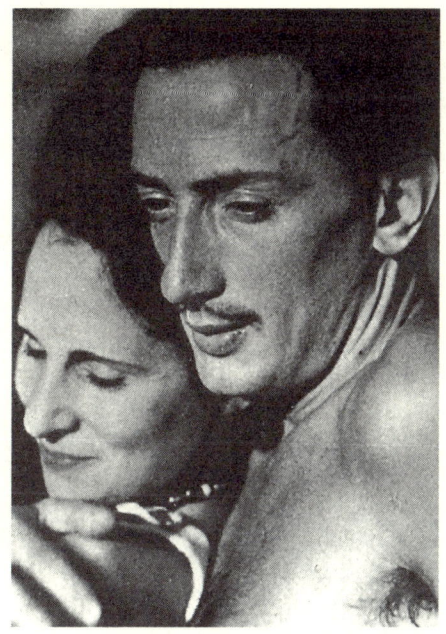

Gala und Salvador Dalí, um 1933

stellte keine direkte Konkurrenz für sie dar. Die Vorgängerin war in die höheren Sphären eines Mediums aufgestiegen und zum Namen einer Obsession geworden, die in Éluards Dichtung ihren Platz hatte.

Louis Aragon und Elsa Triolet, 1935

3

ELSA TRIOLET

Mein Leben fängt mit Dir erst an

MOSKAU UND MAJAKOWSKIJ

„Schriebe man eine Biographie über mich [...], so würde
mein Leben genauso leer und hohl wie ein anderes erscheinen. Doch zwischen all den Eckdaten einer Biographie – geboren am..., Studium in..., Heirat am..., legt
man viele Schritte auf den Straßen zurück, hat man viele
Menschen vorübergehen sehen, und die Gedanken über
diese verlorenen Augenblicke füllen die Leerstellen im
Leben, es sind Ereignisse, von denen keiner spricht."[1]

Elsa Jurewnaja Kagan kam am 12. September 1896 in Moskau zur Welt, knapp fünf Jahre nach der Schwester Lilja, die
eine wichtige Rolle in ihrem Leben spielte. Die Mädchen sind
Kinder der Moskauer Intelligenzija: Von der Mutter, Helena
Jurewna, heißt es, sie habe die beiden Töchter zum Musi-
schen hingeführt. „In unserem Hause wurde viel musiziert.
Die Wände, Fensterscheiben, Möbel waren mit Tönen durch-
tränkt, gesättigt, beschwert. Meine Mutter war eine ausge-
zeichnete Pianistin, lud Quartette ein oder Trios, oder es wurde auf zwei Klavieren vierhändig gespielt, in solchen Fällen
griff mein Vater nach dem Hut... Die beiden Flügel nahmen
sich inmitten des kleinbürgerlichen Wohnprunks wie zwei

edle Rassetiere aus. Von den Wänden, an denen bei anderen die Familienbilder hängen, grüßten uns Tschaikowskij und Wagner in Lebensgröße, Bronzereliefs von Mendelssohn und Meyerbeer... Meine Mutter wallfahrte nach Bayreuth wie die Gläubigen nach Mekka."[2] Sie stammte aus Riga, und so sprach man in der Familie neben dem Russischen auch deutsch, ferner französisch, wie damals in gehobenen bürgerlichen Kreisen üblich. Der Vater, Jurij Alexandrowitsch, war ein renommierter Rechtsanwalt. Er hatte lange genug im Ghetto gelebt, wollte seine jüdische Identität abstreifen und sich als Russe anerkannt fühlen. Praktizierte Religion spielte folglich auch bei der Erziehung der Töchter keine Rolle. Beruflich hatte sich Jurij Kagan auf die Verträge von Künstlern spezialisiert, die sich in seinem Hause die Klinke in die Hand gaben. Zur Weltläufigkeit des Elternhauses gehörten auch zahlreiche Auslandsreisen, die den Töchtern geboten wurden – Elsa kannte Berlin und Paris schon lange, bevor sie in der einen Stadt Aufenthalt nehmen, in der anderen Fuß fassen sollte.

> „Ich liebte Gedichte. In dem Alter, in dem andere mit Puppen zu Bett gehen, schleppte ich zwei dicke Bände mit mir: Lermontow und Puschkin. Diese beiden Bände steckten voller Möglichkeiten: Man konnte in ihnen lesen und die Bilder ausmalen. Und wie die Kinder besonders diejenigen Geschichten lieben, die sie schon kennen, wurde auch ich es nie müde, die Seiten dieser beiden Bände wieder und wieder zu lesen."[3]

Seit dem dreizehnten Lebensjahr führte Elsa ein Tagebuch, das passagenweise in ihren ersten Roman *Fraise-des-Bois* (Walderdbeere; der Kosename der Erzählerin) einging. Im aufgeklärten, kosmopolitischen Klima des Hauses Kagan wußte man, daß das System des zaristischen Rußland sich bereits überlebt hatte und zeigte sich aufgeschlossen gegenüber den

Lily, die Mutter und Elsa mit 9 Jahren

revolutionären Ideen. In *Fraise-des-Bois* beschreibt Elsa Triolet eine Episode aus dem Jahr 1905, in dem die erste russische Revolution blutig niedergeschlagen wurde. Am „Schwarzen Freitag" fordert eine Razzia viele Todesopfer; während die Kosaken durch die Stadt patrouillieren, breitet sich Unruhe im Hause aus. „Neugierig schlüpft Fraise-des-Bois unter der Bettdecke hervor. Aus einem entfernten Zimmer nähern sich langsam die Schritte des Vaters, gefolgt vom unregelmäßigen Getrappel Liskas, die im Laufschritt ins Kinderzimmer stürzt. – Razzia, flüstert sie Fraise-des-Bois zu." Falscher Alarm; die Truppen des Zaren ziehen an der Tür vorbei. Aber die Schwester beginnt plötzlich zu weinen: „Ich habe alle Bücher weggeworfen…"[4]

In den progressiven Intellektuellenkreisen setzte man sich mit Gedankengut auseinander, das als subversiv betrachtet wurde. Der bloße Besitz von Büchern, die als revolutionär galten, konnte das Leben kosten. Lilja wurde von einer älteren Mitschülerin, Vera Brik, in einen politischen Zirkel eingeführt, zu dessen Aktivitäten Lektüre und Diskussion marxistischer Texte gehörten und der von Ossip Brik, ihrem späteren Ehemann, geleitet wurde. Elsa war noch zu klein, um die Schwester begleiten zu dürfen, was deren Unternehmungen erst recht magische Anziehungskraft verlieh. „Papa rief aus: – Du wirst nicht hingehen! Von Zusammenkünften keine Rede! Mit dreizehn Jahren macht man keine Revolution!"[5] Doch nicht lange, und auch Elsa fand sich in den Kreisen der Avantgarde, der Futuristen, ein. 1912 lernt Elsa Vladimir Majakowskij kennen.

„Ich war ihm bei Freunden begegnet. Er war mir riesig, unverständlich und frech vorgekommen. Ich war fünfzehn Jahre alt und hatte ziemliche Angst vor ihm. Einige Zeit darauf erschien er bei mir. Wenn ich mich recht erinnere, hatte er gerade sein längeres Gedicht 'Der Aufstand der Dinge' verkauft, das ich nirgends mehr auftreiben kann; vielleicht hat er den Titel geändert. […] Ich war noch keine sechzehn Jahre alt, aber ich zeigte meinen Eltern soviel gelassene Unbekümmertheit darüber, ob nun mein Freund Majakowskij eine außergewöhnliche Erscheinung sei oder nicht, daß sie mich schließlich in Ruhe ließen, und Majakowskij mehr oder weniger in der Familie aufgenommen wurde: Man behielt ihn zum Essen da und erlaubte ihm, bei mir zu zeichnen, womit er damals seinen Lebensunterhalt verdiente. Er kam fast täglich, war zu meiner Mutter von einer entwaffnenden, äußerst aristokratischen Höflichkeit, äußerte in Gegenwart meines Vaters nur das strikt Notwendige und erreichte beinahe, daß man über seine gelbe Bluse hinwegsah. [...] Majakowskij machte mir den Hof, sprach sehr wenig und brummelte ständig etwas vor sich hin, wobei er plötzlich, vielleicht um einen Vers probeweise zu deklamieren, die Stimme hob... Ich brachte für diese nach innen gerichtete Arbeit neben mir nur wenig Interesse auf, kaum daß ich mir darüber klar wurde, daß Majakowskij ein Dichter war. Häufig verlangte er von mir, ich solle Klavier spielen, und marschierte dann hinter meinem Rücken gestikulierend endlos auf und ab... [...] In diesem Stadium tauchte eines Tages meine Schwester Lili auf. Sie war verheiratet und wohnte damals in Petrograd. Eines Tages fragte sie mich, wer eigentlich dieser Majakowskij sei, der so oft käme, und ob mir viel daran läge, denn meiner Mutter mache das Kummer."[6]

Dieser Majakowskij hatte soeben sein erstes Poem *Eine Ohrfeige dem öffentlichen Geschmack* publiziert und war als unerhörter Futurist in aller Munde. In Abkehr von der ehrwürdigen Dichtkunst wollte er die Sprache für die Revolution nutzbar machen. Der große Georgier wurde zum gefeierten Dichter der Revolution. Er leitete die Linke Front der Kunst und gab seine Stimme der Partei, bis er „seinem eigenen Lied auf die Kehle treten" mußte, um in Einklang mit der offiziellen Politik zu bleiben.

Zwischen Majakowskij, Jahrgang 1893, und den beiden Kagan-Schwestern bestand eine Wahlverwandtschaft. Elsa hatte eine kurze Liebesaffäre mit Majakowskij, man munkelt, ihre Kinderlosigkeit sei die Folge einer Abtreibung in jener Zeit. Sie, die immer im Schatten der älteren Schwester stand, mußte auch diesmal zusehen, wie der Mann, der doch eigentlich ihre Eroberung gewesen war, Liljas Charme erlag. Sie und Majakowskij wurden in Einvernehmen mit Ossip Brik ein Liebespaar – Familienaffäre und bewußter Ausdruck eines fortschrittlichen Privatlebens. Elsa gab ihre Eifersucht nie zu, und in ihrer Majakowskij-Biographie verwandelt sie die frühe Verliebtheit zur „ganzen verstiegenen Hingebung einer noch nicht Siebzehnjährigen" für die Dichtung ihres „Leitsterns", spricht von „grenzenloser Freundschaft" mit dem Mann, dessen Liebe sie dauerhaft nicht gewinnen konnte, den sie aber zeitlebens als ihre künstlerische Entdeckung für sich in Anspruch nahm:

> „Lilis Kreis, der der Briks, war gegen Majakowskijs Dichtung sehr voreingenommen – übrigens ohne sie zu kennen. Auch hier mußte ich mich, wie bei anderen Gelegenheiten, viel für ihn herumschlagen."[7]
>
> „Ich hatte mit Majakowskij eine dieser Freundschaften, die Berge versetzen können. Sie war nur schwer zu leben, belastend, manchmal zum Himmel hoch jauchzend, manchmal zum Tode betrübt, er erschöpfte mich, aber für seine Gedichte hatte ich mich seit jenen Zeiten geschlagen, da er als skandalumwitterter Futurist seine gelbe Bluse trug, seitdem rufe ich es von den Dächern, daß seine Gedichte die Dichtung schlechthin sind. Und ich bin nicht wenig stolz, als eine der Ersten Majakowskijs Genie erkannt zu haben."[8]

In der Tat hat Elsa Triolet, als eine Vermittlerin russischer Kultur in Frankreich, Majakowskij dort durch Übersetzungen und eine Biographie bekanntgemacht. Majakowskij blieb für sie der Repräsentant der Avantgarde, die nicht der Revolution

Lili Brik und Majakowskij, Petersburg, September 1915

das Wort redete, sondern selbst Revolution war, Kunst in Lebenspraxis einzulösen versuchte.

Eine Aufzählung der Namen von Elsas Kindheits- und Jugendfreunden gliche dem Inhaltsverzeichnis eines Buches über die russische Avantgarde: die Schriftsteller Isaak Babel, Konstantin Balmont, Ilja Ehrenburg, Boris Pasternak, Vladimir Pozner und Viktor Schklowskij, der Sprachwissenschaftler Roman Jakobson, die Maler Iwan Puni und Sergej Tretjakow, der Photograph Alexander Rodtschenko. Die maßgeblichen Köpfe kamen eben alle aus ein und demselben Milieu, eine großstädtische Elite in einem Land mit zwei Dritteln Analphabeten. Elsa konnte sich über Freunde nicht beklagen, doch ganz verbunden fühlte sie sich keinem.

„Diesen Sommer bin ich sehr gereift. Ich habe mein sechzehntes Lebensjahr vollendet, von dem man sagt, daß es das beste sei. Wenn ich mich umschaue, sehe ich überall nur Paare, bloß ich mache eine Ausnahme. Keiner will mich haben, und selbst in großer Gesellschaft bin ich immer allein. Diesen Sommer machte mir Ch. den Hof. Er sieht gut aus, ist nicht dumm, hat die Allüre eines Mannes, der Schnürschuhe trägt.“[9]

Daß keiner sie haben wollte, stimmte schlechterdings nicht: „Elsa Triolet [...] war sehr jung und attraktiv, hatte die Rosafarbe einiger Bilder von Renoir und war sehr traurig“, schrieb Ehrenburg.[10] Ihr Schulfreund Roman Jakobson reimte ihr einen Vierzeiler:

Ganz unter uns: Ich liebe Dich.
Ich möchte Dir mein Herz ganz schenken.
Solltest Du nach Tahiti fahren,
Mein Unglück wär nicht auszudenken.[11]

„Wenn auch mit Unterbrechungen, war Elsa meine dauerhafteste Liebe“, gestand Jakobson noch in den sechziger Jahren.[12] Sie war durchaus umschwärmt; doch so groß auch die Sehnsucht nach Liebe und Anerkennung gewesen sein mögen, so viel Ablehnung und Spott brachte sie dem männlichen Geschlecht entgegen – worin sich die Ambivalenz ihres ganzen Lebensgefühls ausdrückt:

„Erstens müssen die Männer zum Militär und irgendwelchen Idioten gehorchen [...] Zweitens haben die Frauen es im allgemeinen leichter im Leben; eine Frau darf dumm sein und muß von nichts eine Ahnung haben, das hat keine Bedeutung, aber stell' dir einen Mann vor, der Rechtschreibfehler macht...“[13]

Schließlich hielt sich auch im Intellektuellenmilieu die Aufgeklärtheit in Sachen Geschlechterhierarchien in Grenzen, denn Bildung und fortschrittliche Praxis gingen durchaus nicht immer Hand in Hand. Wie Gala glaubte auch Elsa nicht daran, daß sich ihre Wünsche und Ansprüche an einen Mann in Rußland erfüllen ließen. „Ich habe Alek getroffen, und meine

Träumereien über meine Zukunft sind verblaßt und verloren. Ich habe eine Abneigung gegen die ganze Welt, aber ohne sie langweile ich mich."[14] Elsa knüpfte an die Liebe das Versprechen, die eigenen Lebensumstände grundlegend zu verändern. „Fuir là-bas, fuir", ruft die Titelheldin von *Fraise-des-Bois* aus: „Fort von hier, fort!" Nicht lange, und sie wird der Heimat Rußland den Rücken kehren.

Aufbrüche

Im Jahre 1917 lernte Elsa den französischen Offizier André Triolet kennen. Obwohl seine Familiengeschichte ihr wie ein „Roman über den Untergang der alten französischen Bourgeoisie"[15] erschien, deren konservative Ansichten sich mit ihren revolutionär-avantgardistischen Ideen prinzipiell nicht vertragen konnten, heirateten sie 1919 in Paris – eine Möglichkeit zur Flucht aus der gerade ausgerufenen Sowjetunion, deren revolutionärer Alltag an den Energien zehrte. „Majakowskij brachte zwei Stunden mit der Suche nach ein paar Karotten zu. Genau dieser Suche nach Karotten, die soviel kosteten wie ein Parfüm, wollte Elsa entgehen."[16] „Kann es passieren, daß man in Moskau kein französisches Lippenrot mehr bekommen wird?", fragt eine Romanfigur des Avantgarde-Autors Anatoli Marienhof. „Wie soll man dann leben?"[17] Auch Elsa gehörte zu einer Bohème, die einen Lebensstandard, der den kleinen alltäglichen Luxus einschließt, nicht missen mochte. Die Episode des gemeinsamen Lebens spielte sich in Tahitis Hauptstadt Papeete ab, wo André Triolet nach Ende seines Militärdienstes seine Zelte aufschlug. Mochte die Insel, fernab vom Bürgerkrieg in der Sowjetunion und einem

Europa, das gerade noch Weltkriegsschauplatz gewesen war, zunächst wie das Paradies erscheinen, so wurde Elsa das Leben dort sehr schnell zur Hölle. Abgekapselt von den Menschen in der Heimat, denen sie sich verbunden fühlte und deren Schicksal sie nun nicht teilen konnte, jenseits aller intellektuellen Atmosphäre, fehlte ihr bald die Luft zum Atmen. Man führe sich vor Augen, daß Tahiti damals keine leicht erreichbare Touristenattraktion war. Nur einmal im Monat legte ein Ozeandampfer mit Kurs auf Europa ab. Von André Triolet heißt es, seine Hauptinteressen seien schöne Frauen und schnelle Pferde gewesen, und die Ehe hielt ihn keineswegs von der Ausübung seiner Lieblingssportarten ab. Schon 1921 kehrte Elsa nach Europa zurück, ernüchtert durch die Ehe mit einem Mann, „der keine Verse schrieb".[18]

Elsa mochte durch das wenig freudvolle Ehe-Intermezzo vollends aufgegangen sein, worum sie die Schwester so eifersüchtig beneidete. Diese hatte in Ossip Brik und in Majakowskij Gefährten gefunden, die in ihr nicht nur die Geliebte, sondern auch eine Partnerin sahen, die sie in ihre Arbeit einbezogen. Lilja trat als Majakowskijs Partnerin in den Kurzfilmen *Der Rowdy und das Mädchen* und *Vom Film gefesselt* auf, drehte im Kreise des Avantgarde-Regisseurs Lew Kuleschow sogar einen eigenen Film, *Das Kamera-Auge*. Brik und Majakowskij, deren gegenseitige Interessen von den sich überschneidenden Leidenschaften nicht beeinträchtigt wurden, arbeiteten miteinander an verschiedenen Zeitschriften, *Commune, Lef* und *Novij Lef.*

Das Vorbild Lilja und die Loyalität einer Männerfreundschaft vor Augen, darüber hinaus belehrt durch die eigenen negativen Erfahrungen, zog Elsa Triolet einen Schluß, der zum Leitfaden ihres künftigen Lebens wie auch einem Topos ihrer Romane wurde: Mann und Frau muß noch mehr verbinden als die Liebe. „Mir scheint, daß es gut wäre, einen Mann zu heira-

Das Ehepaar Triolet in Papeete, 1920

ten, mit dem irgendeine gemeinsame Arbeit möglich wäre. Das
muß außerordentlich sein."[19] Statt einem auch für die Frauen
so verführerischen romantischen Traum von der andauernden
Leidenschaft als dem Herzstück der Ehe nachzuhängen,
wünschte sich Elsa eine Partnerschaft, die durch einträchtiges
Handeln Bestand haben sollte. Der Wunsch, dem Tagebuch
anvertraut, sollte ihr ein rundes Jahrzehnt später erfüllt werden. Elsas Leben wurde in neue Bahnen gelenkt, doch der
Kontakt mit André Triolet blieb bis zu seinem Tod im Jahre
1968 bestehen; sie behielt auch seinen sprechenden Namen
bei – „Triolet" ist eine seltene Bezeichnung für das Kleeblatt,
ein musikalischer Terminus und eine poetische Form – als fort-
dauernde Erinnerung an den Neubeginn, der sich aus den Erfahrungen jener Zeit ergab und Voraussetzung für das Leben
mit Aragon als französischsprachige Schriftstellerin war.
Mit der Heirat hatte Elsa ihre beruflichen Ambitionen auf-

gegeben, wie es von Frauen landläufig erwartet wurde. Sie hatte nach dem Abitur an der Moskauer Bauhochschule das Architekturstudium aufgenommen – „ich interessierte mich nur noch für Mathematik und Malerei"[20] – und 1918 das Abschlußdiplom erhalten. Die Kontakte aus dem Studium waren ihr jetzt nützlich. Wahrscheinlich durch die Vermittlung El Lissitzkys arbeitete Elsa 1922, nach der Rückkehr aus der Südsee, zunächst in einem Zeichenbüro in London, wo ihre inzwischen verwitwete Mutter für ARKOS, die sowjetische Wirtschaftsvereinigung, tätig war. Elsa schlug sich mehr schlecht als recht durch, hoffte auf die Unterstützung eines in London ansässigen reichen Onkels, der eine Textilfabrik besaß. Dieser aber wollte nichts mit einer Nichte zu tun haben, deren engste Freunde das Revolutionsbanner schwangen. Man mag sich fragen, warum Elsa Triolet ihre berufliche Laufbahn auf diesem Wege nicht weiterverfolgte. Aber ganz abgesehen davon, daß die Architektur damals in besonderer Weise eine Männerdomäne war, zog es sie zu Gleichgesinnten, den Intellektuellen aus der russischen Heimat, die bereits seit 1917 vor politischem Zugriff nach Berlin als erster Ausweichstätte strömten: Andrej Bely, Maxim Gorki, Vladimir Nabokov, Viktor Schklowskij, El Lissitzky, Ivan Puni, Roman Jakobson. Im Rahmen des deutsch-sowjetischen Abkommens von Brest-Litowsk bestand keine Visumspflicht für Russen, Deutschland erkannte den Nansen-Paß an, so daß sich im Berlin der zwanziger Jahre eine große russische Kolonie bildete, die weitgehend unter sich blieb. Zudem stand der Rubel in der Wirtschaftskrise gut; hier gab es Papier und keine Zensur, was schließlich zu einem intellektuellen Exodus aus der Sowjetunion führte. In Berlin etablierten sich gut achtzig Verlage, die in russischer Sprache publizierten. Vor allem Wieland Herzfeldes Malik-Verlag machte sich um Texte russischer Autoren in deutscher Übersetzung verdient.

Im Oktober 1922, als gerade die Erste Russische Kunstaus-
stellung in der *Galerie Van Diemen* Unter den Linden viele
Besucher anzog, kam Elsa Triolet, zusammen mit Lilja und
Majakowskij, in Berlin an. Vom Kurfürstenhotel am Bahnhof
Zoo aus mietete sie sich bei einer älteren Dame in einer
möblierten Zweizimmerwohnung in Kreuzberg, Hagelberger
Straße 37, ein.[21] „Oft ging ich nachts von dir heim, unter den
zwölf eisernen Brücken hindurch"[22], schrieb Schklowskij, der
kein Geheimnis daraus machte, wie verliebt er in Elsa war, und
sich ihrer besonders annahm. Durch den Landsmann lernte
sie Menschen kennen, er reichte sie geradezu herum, sie gewann durch ihn neue Freunde, denen sie später in Paris wie-
derbegegnete. Die Berlin-Russen trafen sich an öffentlichen
Versammlungsorten wie dem Haus der Künste und an privaten Knotenpunkten des russischen Lebens, namentlich Ivan
Punis Atelier in der Kleiststraße oder Maxim Gorkis Wohnung
in Bad Saarow, in einschlägigen Cafés rund um den Nollen-
dorfplatz wie dem *Léon* oder der *Prager Diele*. Die Gesellschaft
der Freunde Rußlands organisierte Vorträge und Diskussionsrunden, bei denen Elsa selbst zwar nicht als Rednerin in
Erscheinung trat, aber zum Kreise der Anwesenden gehörte;
der Schwager Ossip Brik zählte zu den Hauptakteuren der
Gesellschaft. Elsa begleitete ihn nach Weimar, während er vor
Studenten des Bauhauses, wo Kandinsky seit 1922 unterrichtete, über die neuesten Kunstentwicklungen in der Sowjetunion sprach. Auf dieser Reise müssen sich die Wege von Elsa
Triolet und Ré Soupault, damals noch Meta Erna Niemeyer,
gekreuzt haben, die ihrerseits als Dolmetscherin für Brik ein-
sprang. Damals Schülerin des Vorkurses bei Johannes Itten,
wurde sie in den dreißiger Jahren die Lebensgefährtin von
Philippe Soupault, der sich gemeinsam mit Aragon und Breton gerade auf dem Wege von Dada zum Surrealismus befand.
Mit Schklowskij war Elsa zu Gast in den Kreisen Carl Ein-

steins, mit dem ihr eine kurzfristige Liaison nachgesagt wird.[23] Als sich Elsa ihrerseits in den Maler Puni verliebte, wurde sie wiederholt auf den Platz einer kleinen Schwester verwiesen, denn er war mit der Malerin Xenia Boguslawskaja verheiratet. Schklowskij wiederum litt unter Elsas Zurückweisungen:

> „Mein Lieber, mein Guter. Schreib mir nicht über die Liebe. Bitte, tu das nicht. Ich bin sehr müde. Mir hat es, wie Du selber sagst, den Kopf am Widerrist abgeschlagen. Uns trennen die Lebensformen. Ich liebe Dich nicht und werde Dich nicht lieben."[24]

Ganz abgesehen davon, daß der kleine, glatzköpfige Schklowskij gar nicht Elsas Typ entsprach, meldete sich auch hier Elsas unwiderruflicher Anspruch an die Liebe als einen gemeinsamen Lebensentwurf. Schklowskij sehnte sich nach Rußland zurück, Elsa hingegen dachte nicht an Heimkehr. Von der unerfüllten Sehnsucht zeugt Schklowskijs Roman *Zoo oder Briefe nicht über die Liebe* von 1923, doch erwies sich dieser Roman indirekt als ein Sprungbrett für Elsa, die in Berlin verschiedensten Zerstreuungen nachging, ohne daß ihr dies sichtliches Vergnügen bereitet hätte. „Ihre Arbeit bestand im Sehen, Hören, Sicherinnern."[25] Der Freund war überzeugt von ihrem Talent und wollte sie zum Bücherschreiben animieren. Das gelang ihm zwar nicht, aber er flocht in sein Manuskript auch drei an ihn adressierte Briefe aus Elsas Feder, ohne sie vorher zu fragen. Gorki, damals offizieller sowjetischer Volksschriftsteller, befand nach der Lektüre des Buches, daß diese Briefe die besten Passagen in dem Text seien, der ihm ansonsten zu formalistisch erschien. So gilt Gorki als der eigentliche Entdecker von Elsas schriftstellerischer Begabung, ein biographisches Detail, das ihr später in der Selbstdarstellung als Autorin des sozialistischen Realismus in Frankreich sehr entgegenkam.

Elsa Triolet in Berlin, 1923–24

Gorkis Urteil wirft auch ein Licht auf die Unvereinbarkeit des
schriftstellerischen Vorgehens von Schklowskij und Elsa Triolet, die sich ja eigentlich über die Literatur hätten näherkommen müssen: Wird sie die Ästhetik der Avantgarde auch stets
verteidigen, so entscheidet sie sich als Schriftstellerin ab den
vierziger Jahren für ein Romankonzept, das im Hinblick auf

die realistische, inhaltsbezogene Darstellung an sowjetische Literaturprogramme angelehnt ist.

Elsa drängte es nicht nur nach einer Betätigung, sie sehnte sich nach Liebe, ohne vor die Wahl zwischen Ehe oder Beruf gestellt zu werden. Elsa fühlte sich in Berlin allein unter vielen. An die Schwester schrieb sie:

> „Obwohl ich hier geruhsam lebe, sehne ich mich nach London. Nach der Einsamkeit, dem gemessenen Tagesablauf, der Arbeit von früh bis spät, der Badewanne und dem Tanz mit netten jungen Männern. Hier habe ich mir das abgewöhnt. Und die Not ringsumher ist zu groß, als daß man sie wenigstens für Augenblicke vergessen könnte."[26]

Das London, dem nun ihre Sehnsucht galt, war ihr in Wirklichkeit grau und trist erschienen. Für die Einsame war auch die Anwesenheit der Freunde kein Trost. Es deprimierte sie, ein verliebtes Paar vor den Augen zu haben, den inzwischen gefeierten, überall herumgereichten Majakowskij und Lilja, die sich mit ihm in der Öffentlichkeit zeigte und für ihn dolmetschte. Inzwischen war Elsa siebenundzwanzig, geschieden, ohne Berufsvorstellung, blickte auf ihr Leben wie auf eine Menge ungeordneter, abgebrochener Geschichten zurück, und keine Änderung zeichnete sich ab. Die Rastlose kehrte 1924 nach Moskau zurück, doch auch dies war kein Aufenthalt von Dauer. Das Land hatte sich verändert und sträubte sich gegen jede verklärende Erinnerung:

> „Die windschiefen, abgeblätterten Häuser wirken ernst, drücken sich aneinander, damit sie nicht umfallen. Der Stuck, den keiner braucht, ist abgefallen. Die angenagten, lockeren Schilder verdecken dürftig die rissigen Mauern. [...] Auf der Straße eine Menschenmenge. Bei Frosteinbruch wird Moskau wahrscheinlich auseinanderbrechen

wie ein gefülltes Glas Wasser, das gefriert. [...] Die Leute erinnern an Zeitschriften mit den Lösungen der Rätsel vergangener Ausgaben."[27]

Das revolutionäre Aufbruchspathos war längst verklungen. Daß die Ideale der Avantgarde ohnehin kein langes Leben haben würden, hätte jeder bereits mit der Schließung des *Café Pittoresk* erkennen können, in dem die Bohème seinerzeit die Heraufkunft der Revolution wie einen Karneval gefeiert hatte. Während in Moskau nur schummrige Funzeln die düsteren Straßen säumten, lockte Paris mit Straßenzügen, die ins Licht hellerer Gaslaternen, der Leuchtreklamen und der Schaufensterauslagen voller Waren getaucht waren. „Am Himmel leuchten die Buchstaben O-M-É-G-A auf... Langsam, regelmäßig... 'Schneller', schreit Fraise-des-Bois, 'schneller!' Warum nur vergeht die Zeit so langsam!"[27]
Die Sehnsucht nach dem intellektuellen Leben der Boheme trieb Elsa wieder gen Westen, nach Frankreich.

„Aber über Berge und durch die Täler trug Fraise-des-Bois das Bild Moskaus in aller Frische mit sich. Und nach dem verwinkelten und verzerrten Moskau, erschien Fraise-des-Bois Paris so zauberhaft und prächtig, daß sie hätte meinen mögen, dies sei nicht Paris, sondern seine Beschreibung."[28]

Diese literarisierte Wahrnehmung der Welt ist vielleicht der Ursprung von Elsas immer wiederkehrender großer Traurigkeit; ihrem Erleben fehlte es an Unmittelbarkeit, immer blieb ein Abstand zu den Menschen und den Dingen, der ihr ein beständiges Heimweh bereitete. Im verklärten Bild der Sowjetunion und des Kommunismus sollte Elsa Triolet ihre Wünsche und Hoffnungen konservieren.

Zwischen 1925 und 1928 pendelte Elsa Triolet zwischen Paris und Moskau hin und her. Ihr neues Pariser Domizil war das Hotel *Istria* am Montparnasse. Es hatte sich herumgesprochen, daß es das billigste und ruhigste Hotel in dieser Ecke war, und so nannte es viele weniger gut betuchte Künstler seine Gäste: Man Ray und Kiki, seine Geliebte und sein Modell, Francis Picabia, der japanische Maler Foujita, Marcel Duchamp, Jeanne und Fernand Léger, ein Freund Majakowskijs, von dem Elsa die Hoteladresse bekommen hatte. In Paris lebte sie aus dem Koffer und sehr spartanisch:

> „Das Zimmer lag am Ende eines langen, finsteren Ganges. In einer Ecke ein *grand lit* und ein Nachttisch. Vor dem Kamin ein abgewetzter Sessel, vor dem Fenster ein Tischchen. Ein ausgefranster Teppich. Vom Zimmer aus kam man direkt zum Klosett. Das Marmorwaschbecken aus archaischen Zeiten, wie man sie nur noch in Zugtoiletten findet. Es war vollkommen verstopft: Das Wasser floß nicht ab. Ich stocherte lange mit einer Haarnadel darin herum; Gestank stieg auf."[30]

> „Ein Pariser Hotelzimmer. Ich war krank, konnte nicht schlafen, und wenn ich schlief, träumte ich schwer. Alpträume… Vor dem Fenster der verlassene Boulevard Edgar-Quinet, der sich gegen Abend in einen breiten grauen Fluß, ein Meer verwandelt, auf dem die kleinen Lichter der Schiffe tanzen."[31]

Die Tristesse der Herberge war aber weniger Auslöser als vielmehr ein Spiegel von Elsas Melancholie, die sie auch unter Menschen nicht verließ: „Es bleibt das Geheimnis des Selbstgesprächs. Zwischen beiden Augen. Wie eine Revolverkugel oder eine Runzel. Ich bin für diese einsame Intimität geschaf-

*1926 auf dem Jahrmarkt von Montmartre:
Elsa Triolet, Robert Delaunay, Claire und Ivan Goll,
Valentina Khossadevitch und Majakowskij*

fen."[32] Wie ein Lichtbringer erschien ihr immer nur der eine:
„Manchmal erwachte ich aus meinem Dornröschenschlaf:
wenn Majakowskij nach Paris kam. Er wohnte im Istria und
folgte mir auf Schritt und Tritt. Mit ihm kamen meine Jugend,
mein Land und meine Sprache zu mir zurück."[33]
Ihren Romanheldinnen legte Elsa Triolet in den Mund, was
sie seinerzeit in Paris empfand:

> „Sie dachte darüber nach, daß sie tatsächlich einsam war.
> Daß sie weder Eltern noch Familie besaß, weder ein Haus
> noch Meinungen, weder Geld noch Beruf, nichts, was eine
> Verbindung zwischen ihr und den anderen hätte schaffen
> können, egal mit welcher Gruppe von Leuten. In welchem
> Milieu auch immer, sie blieb allein, eine Einzelgängerin,
> wußte sich weder anzupassen noch aufzulösen, und in
> jedem Land war sie eine Fremde. Man hatte sie an den
> Rand gestellt, so wie man Fehler am Heftrand anstrich.
> Und tatsächlich ist sie sowas wie ein Fehler. Die Liebe hätte

ihr zur Hilfe kommen können, aber sie hatte keine Liebe.
Vielleicht ein Kind ... "[34]
„Die Liebe ist die einzige Freiheitsberaubung, die einem
die Kraft gibt, die vielköpfige Hydra zu bezwingen. [...]
Unsere Herren da oben kennen die Kraft, die sie uns durch
die Liebe verleihen, deshalb sind sie so vorsichtig. Hätte
ich die Liebe, könnte ich Tote wiedererwecken ... "[35]

Während der ersten Jahre in Paris fühlte sie sich als alleinstehende Frau ständig dem Argwohn der anderen ausgesetzt. Sie
hatte mehrere ephemere Affären, etwa mit Roger Vitrac und
Marc Chadourne. Ermutigt durch Gorki, mit dem sie weiterhin in brieflichem Kontakt stand, hatte Elsa ihre Aufzeichnungen aus den vergangenen Jahren zu vollständigen Texten ver-
woben. 1925 kam es zur Veröffentlichung von *À Tahiti* (Auf
Tahiti), einem sozialkritisch gefärbten Bericht über das Leben
auf der Insel, 1926 erschien der autobiographische Roman
Fraise-des-Bois, 1928 dann ihr zweiter, *Camouflage* (Tarnung).
Alle Bücher wurden in relativ hohen Auflagen zwischen 3000
und 5000 Exemplaren von bürgerlichen Moskauer Verlagen
wie *Der Kreis, Atenei* und *Krug* publiziert, die im Gegensatz zu
dem auf die Erfüllung des Parteiprogrammes bedachten Pro-
letkult mehr Wert auf künstlerische Form und Unterhaltung
für den Massengeschmack legten. Zwei weibliche Hauptfigu-
ren in *Camouflage* spiegeln Elsas Gespaltenheit: hier Lucile,
verwöhnte Pariser Ehefrau im goldenen Käfig, dort Varvara,
einsame Russin in Paris. Beider Unglück ist fehlende Entfaltung und fehlende Liebe, die eine ist in ihrer konventionel-
len Rolle gefangen, die andere ist zu sehr Einzelgängerin, um
eine Frau zu sein, die man liebt. Die Problematik des Romans
repräsentiert das ganz reale Dilemma der Frauen, doch in
einer so groben Schwarz-Weiß-Darstellung, daß er von der
Kritik verrissen wurde. Obwohl den ersten beiden Büchern

Elsa Triolet mit einer Freundin
in den zwanziger Jahren in Paris

ein beachtlicher Erfolg beschieden war, hatte Elsa vom Schreiben erst einmal genug, auch wenn sich keine andere Perspektive abzeichnete:

> „Ich habe das Schreiben sein lassen, und es scheint mir nicht viel wert gewesen zu sein, denn (fürchterliches Eingeständnis!) ich habe immer nur zum Zeitvertreib geschrieben, weil ich nichts Besseres zu tun hatte."[36]

Sie zweifelte an ihrem Talent und am bereits einmal gescheiterten Glück zu zweit, nichts bedeutete mehr ein Versprechen für sie. Unter den neuen sowjetischen Verhältnissen zu leben

La Coupole

war unmöglich, Tahiti, London und Berlin hatte sie adieu
gesagt.

> „Ich denke, ich muß mir Veronal kaufen. Ja oder nein?
> Die Verdächtigungen der Leute [...] Das Leben ist mir
> schmerzhaft, wie Laufen auf Scherben."
> „Ich kann nicht mehr weinen. Ich habe nur dieses unerträg-
> liche Gefühl. Jetzt ist es ein Uhr, ich bin noch immer im
> Bett, mein Herz schlägt wie gestern, ich habe große Schwie-
> rigkeiten aufzustehen, weil es dazu keinen Grund für mich
> gibt; genauso schwierig ist es, liegenzubleiben, weil es dazu
> ebensowenig Grund für mich gibt." (5. 12. 1928)

Aber genau in diesen düsteren Novembertagen des Jahres
1928 kam es zu jener einschneidenden Begegnung, die den
weiteren Kurs von Elsas Leben bestimmen sollte. Ihre Tage-
buchaufzeichnungen jener Tage klingen allerdings ganz anders als die Mythologie des Paares Elsa Triolet und Louis Aragon, die daraus noch entstehen sollte.[37] Als Elsa auf Aragon
aufmerksam wurde, machte er als Surrealist von sich reden
und gehörte zur Boheme vom Montparnasse. In der Bar *La
Coupole* kam es zu einem ersten Gespräch. Schließlich kannte

man sich im internationalen Künstlermilieu, zumindest um mehrere Ecken, persönliche Verbindungen ließen sich herstellen, wenn man wollte. Elsa hatte Aragon bereits zuvor durch die Lektüre seiner Bücher wahrgenommen.

> „Ich las *Anicet*, erschienen Ende 1920… Als Du 1918 begannst, *Anicet* zu schreiben, hatte ich gerade Moskau verlassen und dachte nicht ans Schreiben. 1923 waren wir beide in Berlin. […] Ich stelle mir vor, wie Du durch eine Drehtür eines der Kaffeehäuser am Kurfürstendamm betratst, während ich gerade hinausging. Wir sind uns nicht begegnet in Berlin."[38]

> Dann: „Ich hatte *Pariser Landleben* gelesen, und weil es mir näher, zugehöriger, verwandter war als alles andere, wollte ich den Mann kennenlernen, der es geschrieben hatte. Ich bin Dir begegnet…"[39]

ARAGON 1928

Mit Aragon wurde die Idee von der tätigen Liebe eingelöst: „Mit einem Mann muß einen mehr verbinden als die Liebe." Für Elsa war es nach der Ehe mit André Triolet ausgeschlossen, sich unterzuordnen, sich dem Lebensstil und dem Willen eines Mannes anzupassen. Louis Aragon erfüllte maßgebliche Bedingungen, die Elsa an einen Partner stellte. Er teilte Elsas Außenseitergefühl, ein Fremder unter Menschen zu sein. Der elegante und dandyhafte, der bisexuelle, der Verse schreibende Aragon war kein Mann, der in ein typisch männliches Verhaltensschema paßte. Genauso wie Elsa Triolet befand er sich Ende der zwanziger Jahre an einem Punkt seines Lebens, da es ihn nach neuer Orientierung verlangte. Die Surrealistengruppe hatte die längste Zeit als Standortbestimmung gedient, nun aber beschritten die sehr individuellen Persönlichkeiten, aus denen sie sich zusammensetzte, ihre eigenen Wege.

Die ersten Lebensjahre Louis Aragons sind ein Gebilde aus Dichtung und Wahrheit. Seine ledige Mutter, Marguerite Toucas, hatte ein Verhältnis mit einem siebenundfünfzigjährigen verheirateten Mann gehabt. Unter dessen Namen, Louis-Marie Andrieux, wurde Louis Aragon am 3. Oktober 1897 geboren. Die ganze Sorge der Eltern seiner Mutter galt der Vermeidung eines gesellschaftlichen Skandals. Also wurde das Baby zunächst weggegeben, in die Bretagne, wo eine Amme es ernährte. Aragon berichtet nicht ohne Bitterkeit:

> „Dort blieb ich neun Monate, denn die Schande meiner unverheirateten Mutter sollte verborgen werden. Als ich wiederkam, wohnte die Familie nicht mehr an diesem Ort, der den Schrecken meiner Geburt gesehen hatte."[40]

Fortan gaben sich die eigentlichen Großeltern als die Eltern des kleinen Louis aus. Er wuchs mit einem biographischen Schwindel heran, umgeben von einem Regiment von Frauen. Die angebliche Schwester, die seine Mutter war, leitete, unterstützt von mehreren Tanten, in den Jahren zwischen 1900 und 1904 eine Pension. Aragon war fasziniert vom Defilée internationaler Gäste, ihrem fremdartigen Aufzug und den unterschiedlichen Sprachen. „Zuhause wurde ich vor allem von den Damen verwöhnt. Den Ausländerinnen…"[41] „In Ermangelung eines beständigen Familienzusammenhanges konstruiert sich das Kind seine eigene Welt aus dem Wissen über die Pensionsgäste, aus den Bemerkungen, die am Tisch gemacht werden. […] Sein Leben lang wird Aragon einen Blick für die Entwurzelung anderer behalten, vor allem für die der Frauen."[42]

Aragons Schwäche für Ausländerinnen war wahrscheinlich kein Zufall; in einer psychologischen Analyse heißt es, der um

seine echte Mutter betrogene Aragon habe als klassischer Ödi-
pus die Liebe zu Nichtfranzösinnen gesucht, um so dem Inzest
zu entgehen. Die Wahl seines Liebesobjektes entsprach zudem
dem allgemeinen Nonkonformismus der Avantgarde. „Die Tra-
gödie seiner Geburt mischt sich bei Aragon mit der grundsätz-
lichen Ruhelosigkeit seiner Generation, Zeichen der Moderne,
die sich bei Freud und Saussure zeigt: das Funktionieren der
Sprache und das des Traumes."[43] Aus Aragons Kindheitser-
fahrungen erklärt sich im besonderen sein Verhältnis zur Sprache. Was sich Wirklichkeit nennt, ist auch nur eine Erfindung.
Es ist das Schreiben, das ihm die Welt erschließt; nur das, was
er in Worte fassen kann, hat Existenz. Schon mit sieben Jahren
begann das Kind sich in der Beobachterrolle in verschiedene
Figuren hineinzuversetzen, Gedichte und Prosa zu schreiben.
Nicht zwischen Realität und Fiktion, sondern zwischen dem
ungeformten Leben und dem sprachlich geformten verläuft
für ihn die Grenze. Das Urvertrauen zu den Dingen, das ihm
beizeiten genommen wurde, kann er nur schreibend wiederer-
langen, im Zugang zu einer literarisierten Welt.

Aragon hatte seiner Mutter zuliebe das Medizinstudium
begonnen; doch einmal durch den Krieg davon abgehalten,
nahm er es nur halbherzig wieder auf. 1917 war ihm in der
Pariser Klinik Val-de-Grâce ein junger Mann aufgefallen, der
die gleichen Autoren las wie er selbst: „Mallarmé, Rimbaud,
Apollinaire, Lautréamont, Alfred Jarry. Wer konnte schon diese Auswahl treffen? Niemand, überhaupt niemand."[44] Niemand außer André Breton, der mit ihm dieselbe Geliebte teilte, die Sprache. „Ich blickte in das Gesicht eines jungen Mannes, der mich anschaute. Und wir unterhielten uns sozusagen
schweigend, gaben uns gegenseitig zu verstehen, daß wir uns
über die Meute erhaben ansahen."[45]

Den beiden von der Literatur und voneinander Begeister-
ten gab man auf ihr Ersuchen zwei benachbarte Betten in der-

selben Stube. Die Wände dekorierten sie mit Bildern von Cézanne, Picasso, Braque, Matisse, was die Kameraden mit Kopfschütteln quittierten, wodurch Aragon und Breton sich noch inniger verbunden fühlten. Innerhalb dieser ungewollten Lebenssituation mitten im Krieg gelang den damals „besten Freunden der Welt"[46] durch die Literatur eine gemeinsame Integration; gegenseitig verschafften sie sich eine Anerkennung ihrer Wahrnehmung, durch die sie sich stets als Außenseiter erlebten. In Val-de-Grâce trafen sich zwei orientierungssuchende junge Männer, entschlossen, den verhaßten bürgerlichen Werten eine Absage zu erteilen. Aragon begann in jener Zeit mit dem Werk, das ihn als Schriftsteller bekannt machte, *Anicet ou le panorama, roman.* Adrienne Monnier erinnert sich an Aragon als einen jungen Mann, wie er zuvorkommender, intelligenter und einfühlsamer nicht hätte sein können. „Er war bereits damals ein bemerkenswerter Erzähler. Er vermochte zwei oder drei Stunden lang mit großer Zungenfertigkeit zu sprechen, mit jenem leichten Näseln, welches er nie verlor und das seine ironische Art gut wiedergibt: die Provokationen eines Kaspers und scherzhaftes Aufbrausen."[47] Nach einem Jahr an der Front und als Soldat in den Besatzungstruppen an der Saar kehrte Aragon Anfang 1919 wieder nach Paris zurück.

Im März 1919 riefen die „Drei Musketiere", Aragon, Breton und Soupault die Zeitschrift *Littérature* ins Leben, in der sogleich das kleine Drama *Quelle âme divine!* (Welch göttliche Seele!) veröffentlicht wurde, das er als Knirps geschrieben hatte. 1920 erschien *Anicet*, ein Roman, den er in den letzten Kriegsmonaten begonnen hatte, in Fortsetzungen in der prominenten *NRF.* Aragon leistete Breton treue Gefolgschaft, aber daß er seine Prosa als Roman bezeichnete, wertete Breton sogleich als Affront, denn der Roman war für ihn als eine Gattung, die das bürgerliche Zeitalter repräsentierte, tabu.

Aragon und Breton, 1923

„Von 1921 bis 1923 herrschte eine Art Interregnum, in dem wir nicht recht wußten, wie wir uns nennen sollten, seit wir mit Dada gebrochen und uns mit Tzara überworfen hatten."[48] Breton vermittelte dem Freund, der dem Medizinstudium nun gänzlich abgeschworen hatte und am Hungertuch nagte, Anfang 1922 Arbeit als Sekretär bei Jacques Doucet, so daß beide nun auch demselben Broterwerb nachgingen. Das Bedürfnis nach einem künstlerischen Plan führte zum *Ersten Manifest des Surrealismus;* noch zuvor kam Aragons programmatischer surrealistischer Text „Eine Flut von Träumen" her-

aus. „Verstehen Sie, an manchen Tagen erwarte ich unwahr-
scheinliche, unmögliche Umwälzungen. Alles ist in Veränderung begriffen. Ein Katastrophenklima", schrieb Aragon an
Denise Lévy.[49]

Die Wohnung der Bretons in der Rue Fontaine diente Aragon als ständige Anlaufstelle im Zentrum von Paris, denn er
wohnte weiterhin bei der Familie in Neuilly – von wo er bei
jeder Gelegenheit Reißaus nahm. Er entwickelte sich zum
unermüdlichen Nachtschwärmer, zum Stammgast in Cafés,
Bars und Bordellen. 1926 erschien sein *Pariser Landleben,* in
dem er sein nächtliches Flanieren durch die Pariser Straßen in
ein Panorama der modernen Stadtlandschaft verwandelte. Die
dahinschwindende Welt des 19. Jahrhunderts wird darin von
den modernen Mythen abgelöst, die das Stadterlebnis bereit-
hält: die künstlichen Parkanlagen, die körperlose, angenehme
Stimme des Fräuleins vom Amt, die er täglich anruft, wenngleich er weiß, daß keine Nachricht für ihn hinterlassen wurde, die zuckenden Neonschriften des neuen Phänomens
Leuchtreklame.

Der umtriebige Aragon hatte nicht nur zahlreiche Frauen-
geschichten, man sagt ihm auch homosexuelle Beziehungen,
namentlich mit Drieu la Rochelle nach, der damals noch zur
Riege der Avantgarde gehörte, bevor er als Kollaborateur seinen Ruf ruinierte. Aragons Werben um Simone Bretons Cousine Denise Lévy blieb ohne Echo, um so mehr eignete diese
sich aber als Projektionsfläche seiner unerfüllten Wünsche
und als Modell für die Frauenfiguren seiner Romane. Simone
warnte ihre Cousine sogar vor Aragons selbstbezogener Liebe. 1925 begegnete Aragon Nancy Cunard, die dem Dandy an
Eitelkeit und Exzentrizität in nichts nachstand. Sie war die
Tochter und millionenschwere Erbin eines britischen Ree-
ders, dem Besitzer der Cunard-Line, spindeldürr, befreundet
mit der Crème der Pariser Künstlerwelt. Aragon reiste in die-

sen zwei Jahren mit Nancy kreuz und quer durch Europa, nach Spanien, Holland, Italien und Deutschland. Sie besaß ein Haus in La Chapelle-Réanville an der Atlantikküste, wo das Paar mit einer Handpresse typographische Experimente unternahm. Auf diese Weise entstand eine gemeinsame Übersetzung von Lewis Carrolls *The Hunting of the Snark*. So intensiv und produktiv die Zeit mit Nancy auch war, Aragon wurde seine soziale und finanzielle Unterlegenheit in dieser Beziehung immer unerträglicher.

> „Die Voraussetzungen des Lebens dieser Frau, die ich liebte, waren von den meinen sehr verschieden, und ich konnte unser Leben zu zweit nicht weiterführen. In materieller Hinsicht war es schwer, mich mit ihr auf gleicher Ebene zu halten, und wie hätte ich von ihr erwarten können, sich auf die meine zu begeben? Wir waren an jenem Punkt angelangt, da die Ungleichheit unserer Lebensstile, zusammen mit dem, was uns persönlich trennte, alle möglichen Fragen über meinen weiteren Lebenswandel in mir aufwarf."[50]

Sie ging ihrem Freiheitsdrang nach, während er unter fehlender Einbindung litt. Während einer Venedig-Reise im September 1928, als Nancy bereits den schwarzen Musiker Henry Crowder kennengelernt hatte, dem sie sich anschloß, wurde Aragon in eine tiefe Lebenskrise gestürzt. Er versuchte, sich durch die Einnahme von Schlafmitteln das Leben zu nehmen, wurde aber rechtzeitig in seinem Hotelzimmer gefunden. „Ich kehrte nach Paris zurück, verpulverte mein kümmerliches Vermögen, und es blieb mir nicht viel, als ich knapp zwei Monate später Elsa begegnete."[51] Später wird er schreiben: „Tu m'as trouvé comme un caillou que l'on ramasse sur la plage / comme un bizarre objet perdu dont nul ne peut dire l'usage" (Du fandst mich wie einen Kiesel, den man am Strand aufliest / wie ein merkwürdiges Ding, dessen Sinn keiner kennt).[52]

Zu diesem Zeitpunkt, 1928, war auch der familiäre Zusammenhang der Surrealistengruppe für Aragon bereits fragwürdig geworden. Sein Verhältnis mit Nancy Cunard hatte „eine Art Krise" herbeigeführt, eine „Verstimmung zwischen mir und den Surrealisten, die es gewohnt waren, mich im *Cyrano*, Place Blanche zu sehen, an der Regelmäßigkeit der Zusammenkünfte maßen sie die Treue."[53] Die Treffen hatten sich in Rituale verwandelt, bei denen Bretons Vorschriften absurde Formen annahmen: Aragon widersetzte sich absichtlich dem Diktat des Pernod-Trinkens und bestellte den nicht kanonisierten Wermut. Die heilige Freundschaft bekam nach und nach Risse. Im Herbst 1928 bezog Aragon ein Zimmer in der Rue du Château 54, eine spartanisch eingerichtete, jedoch mit allerhand Objekten und Spruchbändern geschmückte Ladenwohnung inmitten eines dörflich wirkenden Künstlerquartiers, die Marcel Duhamel ursprünglich für sich, Yves Tanguy und Prévert gemietet hatte. „Die Rue du Château wurde zum Versammlungsort für die jüngeren Surrealisten, es ging dort entspannter zu als bei Bretons täglich einberufenen Treffen im Café *Cyrano* oder der nahen *Radio-Bar* am Montmartre."[54]

1928, als Aragon in der Rue du Château einzog, lautete der Mietvertrag auf Georges Sadoul und André Thirion, die auch dort wohnten, und alle drei litten unter ihren just in die Brüche gegangenen Liebesgeschichten. Es wurde gezecht bis in die Nacht, nicht selten kam man erst am späteren Nachmittag aus den Federn. Hin und wieder durfte ein Obdachloser im Haus übernachten; das geheime Versteck für den Türschlüssel hatte sich herumgesprochen. „Als wir uns kennenlernten, war ich jemand Unmögliches", bekannte Aragon vierzig Jahre nach der Begegnung mit Elsa Triolet.

„Sie brauchte jede Menge Geduld, um mich zu ertragen, eine Geduld die sie nicht immer in dem Maße hatte wie in

Nancy Cunard, 1920 (Foto: Man Ray)

jenen Tagen [...] Elsa hatte es mit einem Mann zu tun, der eine Welt verließ, um in eine andere einzutreten."[55]

Schenkt man André Thirions Erinnerung Vertrauen, so hatte Elsa die Unentschiedenheit Aragons im richtigen Moment erkannt. Sie mußte gesehen haben, daß es sich bei seiner Liaison mit einer österreichischen Filmschauspielerin, Lena

Elsa Triolet, 1925 (Foto: Alexander Rodtschenko)

Amsel, um ein kurzlebiges Vergnügen handelte und stellte Aragon einfach vor vollendete Tatsachen: „Ich bin Deine Geliebte". Sie zwang die Nebenbuhlerin zu einer Unterredung unter vier Augen und überzeugte sie davon, daß sie Aragon der Frau überlassen müsse, die wirklich zu ihm gehöre – ihr selbst. Aragon sinnierte gerade in der Rue du Château vor

Louis Aragon, 1923 (Foto: Man Ray)

einer Spirituose und dem Photo Nancy Cunards, wollte
soeben zu einer Tirade gegen alle Frauen der Welt anheben,
da stürzten zwei Exemplare dieses Geschlechtes zur Tür her-
ein: Lena unterwürfig, Elsa triumphierend.

> „Lena hat verstanden, daß ich Dich liebe und daß mein
> Gefühl für Dich nichts mit dem zu tun hat, wonach sie
> sucht und was sie empfindet. Sie weiß auch, daß Du mich
> liebst; sie hat es nur nicht sehen wollen. Ein Flirt mit Dir
> würde nichts bringen – sie hat doch keine Lust, sich einzu-
> lassen – das bringt nur neue Aufregung und Befürchtun-
> gen für Dich, was Du nicht brauchen kannst."[56]

Elsa zog aus ihrem Hotelzimmer aus und bei Aragon ein. „Das erstemal als sie in die Rue du Château kam, konnte er ihr nur unter Schwierigkeiten die Tür öffnen, der gemeinschaftliche Schlüssel, der an seinem üblichen Platz hing, glitt ihm aus den Händen, als er ihn gerade gegriffen hatte. Bald richtete sie sich in dem Zimmer ein, dessen Wand verkündete: Wer verliebt ist, beschreibt Mauern."[57] „Elsa fand das Leben in der Rue du Château zuerst ganz amüsant. Sie wollte das Dasein mit ihrem Geliebten teilen, die Regeln der surrealistischen Gemeinschaft beobachten und kennenlernen... und in erster Linie jene jungen Männer, die Aragon scheinbar am nächsten standen. Sie wollte das Terrain besetzen. Immer ging sie als erste schlafen."[58] Die beschworene Harmonie bestimmte nicht lange den Alltag in einer Männerwelt, in der Elsa für manchen ein Eindringling war. Grundverschieden von der lange Zeit stillhaltenden Simone Breton in der Rue Fontaine beklagte sie sich über die ständige Unruhe des Kommens und Gehens und kaprizierte sich ausschließlich auf Aragon, taugte kaum zur gemeinschaftlichen Muse.

„Leute kommen und gehen, Türen schlagen, du sitzt da auf einem Stecknadelkopf, hast nichts, was dir gehört, weder in der Hosentasche noch im Herzen. Wie soll man etwas für sich haben, wenn man in einer Art öffentlichem Durchgang wohnt? Die Leute haben dich mit ihren Blicken, ihren Vorurteilen und ihren Plaudereien ausgezehrt... Und du trägst deine Misere hinaus auf die Straße, genau wie alle anderen, so stolz, so eitel, ganz so, als hätten sie ein Ziel im Leben, einen Sinn, als würde tatsächlich etwas geschehen! Sie alle starren gierig auf die Tür eines Caféhauses, in der Hoffnung, einen wundervollen, verzauberten Menschen eintreten zu sehen, der ihr unmögliches, eingefrorenes Leben schlagartig verändert..."

Diese Sehnsucht nach einem „Ziel im Leben", gewiesen von einem geradezu messianischen Retter, bestimmte das Lebensgefühl der Generation zwischen den Kriegen und die Hoffnung der Intellektuellen auf den Kommunismus.

Bereits nach fünf Monaten verließ das Paar den Ort der Unruhe, um sich in einer kleinen Atelierwohnung in der Rue Campagne-Première zu installieren, was beider Bedürfnis nach Stabilisierung der Lebensumstände entsprach. Von einer Frauenfigur aus Elsas erstem französischen Roman heißt es: „War sie bis jetzt ein abstraktes Wesen geblieben, so hatte sie nun einen wirklichen Liebhaber, ein echtes Domizil..."[60] Eine Wunschvorstellung, die in der damaligen Situation durchaus nicht den Tatsachen entsprach:

> „Natürlich hat sich alles sehr verändert. Wir führen ein
> gemeinsames Leben. Wir ziehen um vom Istria ins Atelier –
> zu zweit. Das ist ein unglaubliches Ereignis in meinem
> Leben. Es gab gute Tage, Tage der Liebe, alle Lenas sind
> verschwunden wie durch einen Zauber. Aber meine ange-
> borene List macht es dem Unglück leicht. Ich habe keinen
> Glauben, zweifle alles an, verdächtige alle und jeden – aber
> was würde geschehen, wenn ich abreisen würde? [...] Was
> tun? Wir sind noch immer zusammen. Ich wage nicht ein-
> mal zu denken, wenn ich bei ihm bin, als könnte er Gedan-
> ken lesen. Mit einem Wort, er hindert mich am Denken.
> Und wie seine Liebe für mich auch immer beschaffen sein
> mag, wie groß sie auch sein mag – mir ist sie immer zuwe-
> nig und nie ist es mir recht."

So groß wie das Glücksgefühl war auch die Furcht, wieder verlassen zu werden – in einem Maße, daß Elsa ihren Rückzug erwog: „Es gibt eine Möglichkeit: meine Taschen zu packen und in zehn Tagen mit Volodia nach Moskau abzureisen. Aber wem überlasse ich den Jungen dann und wohin geht es mit mir selbst? 32 Jahre usw. Das ist unmöglich, schwierig und ausweglos." Der Freund fuhr ab, sie blieb in der Rue Campagne-Première, in einem engen Provisorium mit Außentoilette.

„Ich lebe im Atelier. Ich habe es eingerichtet, Vorhänge genäht, Nägel eingeschlagen, Sachen in Kisten verstaut. Immer zu zweit, immer. Glück. Mit oder ohne Geld, gesund oder krank, das beständige Glück. Er liebt mich, was will ich mehr? Keine Fremden, weder Männer noch Frauen. Außer Nancy."

Aragons nach wie vor emotionale Bindung an die Vorgängerin war ein Wermutstropfen in Elsas Glück – auch später blieb Nancy in Elsas Augen eine Rivalin; angeblich gestattete Elsa es Aragon nicht, die Todkranke zu besuchen, die 1965, nachdem sie es geschafft hatte, ihre ererbten Millionen durchzubringen, verarmt und allein in einem Pariser Hotelzimmer starb.

„Wie kann er mich so quälen, wenn er mich wirklich liebt? Mit aller Zurückhaltung habe ich ihn gebeten, sie weniger zu sehen, nicht so lange zu bleiben. Nur darum habe ich ihn gebeten. Jetzt werde ich ihn um gar nichts mehr bitten. Es gelingt mir nicht, meine Nerven zu beruhigen."[59]

Elsa spürte, daß Nancy Cunard einen ernstzunehmenden Einfluß auf Aragon ausgeübt hatte, ihr gemeinsames Leben keine schnell vergessene Affäre, sondern ein entscheidendes Kapitel für ihn gewesen war, daß Nancy, Typus „englische Exzentrikerin", und der narzißtische Dandy Aragon bleibenden Gefallen aneinander gefunden hatten. „Er ist ein schöner Junge, eine Primadonna", stellte Elsa rasch fest. Thirion beschreibt den Aragon jener Tage folgendermaßen: „[…] ein gewisses Fehlen an Selbstvertrauen, das diesen außergewöhnlich besonnenen und intelligenten Menschen leicht in Panik versetzen konnte, sein unerwartetes Bedürfnis, sich immer dann einer stärkeren

Autorität zu unterwerfen, wenn er mit seinem Vorgehen und
seinem Kalkül ins Schwimmen geriet. Je besser sie ihn kennenlernte, desto mehr stellte sie fest, daß es möglich war, aus
Aragon einen Sklaven zu machen, weil Gefühle ihn im allgemeinen zur Vernunft brachten. Der Erfolg des Paares, das sie
bildeten, basierte also auf Elsas Hellsichtigkeit und auf ihrem
Entschluß, ihrem Geliebten nach und nach ihre Sicht der Dinge beizubringen."[61]

GESCHMÄHTER SURREALISMUS

„Mein Leben fängt mit Dir erst an" wird Aragon dichten; 1934
eröffnete er mit *Die Glocken von Basel* einen Zyklus soziali-
scher Romane, Elsa gewidmet, „der ich zu sein verdanke, was
ich bin, der ich verdanke, aus meinem Nebel heraus den Eingang zur wirklichen Welt gefunden zu haben, für die es sich
zu leben und zu sterben lohnt."[62] Seine Begegnung mit Elsa
stellte für Aragon die Weichen in Richtung auf seine Zukunft
als Schriftsteller; in Elsa nahmen die politischen Ideen des
Surrealismus konkrete Gestalt für ihn an, sie brachte ihm die
russische Sprache und Literatur nahe. Elsa selbst sollte erst
1938 den ersten von einem guten Dutzend Romanen in französischer Sprache schreiben. Bis dahin galt es, die Fronten zu
klären:

> „Als es auf die dreißiger Jahre zuging, machten wir beide
> eine Zeit durch, die schlecht für das Schreiben war. Was
> mich angeht, erklärt sich dies aus meiner Biographie: die
> Entwurzelung, der Wechsel von einer Sprache in die an-
> dere [...]"[63]

Die internen Diskussionen der Surrealisten über den Modus
des politischen Engagements spitzten sich zu jener Zeit zu:

Von 1927 an waren viele der Gruppenmitglieder der KPF, der einzigen Antikriegspartei, beigetreten, darunter auch Aragon; Ernüchterung brachte die Erkenntnis, wie wenig die künstlerischen Mittel der Surrealisten von den Parteifunktionären ernstgenommen wurden. Im Herbst 1930 fand im ukrainischen Charkow der Kongreß der revolutionären Schriftsteller statt, dem Aragon in Begleitung von Elsa Triolet und Georges Sadoul beiwohnte – ein Markstein der Trennung der einstigen Freunde Aragon und Breton. Breton sprach von „Ansteckung" als Ursache der Entwicklung des Abtrünnigen, der in der Sowjetunion eine Erklärung unterzeichnet hatte, die künstlerischen Mittel künftig unter die Kontrolle der Partei zu stellen. „Bedenken Sie, daß diese Reise, die voller Überraschungen – und Konsequenzen – sein würde, keineswegs auf Initiative Aragons, sondern Elsa Triolets stattfand, die er gerade kennengelernt hatte und die ihn aufforderte, sie zu begleiten. Aus der Distanz und so wie sie sich im folgenden definierte, besteht aller Anlaß zu vermuten, daß sie dort das verlangte und durchsetzte, was sie wollte. [...] Hätten die Umstände nicht nachgeholfen, [...] so hätte Aragon, wie ich ihn kenne, niemals etwas auf sich genommen, womit er eine Trennung von uns riskierte", so Bretons Urteil in einem Radiointerview aus dem Jahre 1952.[64] Diese Umstände lassen sich jedoch auch anders deuten: als geradezu ideale Verknüpfung der Interessen zweier Menschen, die sich zeitlebens als Außenseiter wahrnahmen und gerade dadurch eine starke Anziehung aufeinander ausübten. Elsa sah endlich eine Aufgabe in ihrem Leben; Aragon wurde ihr Verbündeter, mit dem sie das Gedankengut fruchtbar machen konnte, das in der Sowjetunion fast noch im Keim erstickt worden war. Der Kommunismus repräsentierte hier in Frankreich keine Staatsideologie, sondern eine starke, von den Intellektuellen getragene politische Kraft. Im Verein mit Aragon konnte Elsa dort anknüpfen, wo der russischen Avantgarde Einhalt geboten worden war.

Aragons Ablösung von den Surrealisten war jedoch ein längerer Prozeß. Majakowskij brannte bei seinem Parisaufenthalt im Herbst 1928 darauf, die Surrealisten kennenzulernen, in denen er von weitem Wegbereiter der Revolution sah; doch dem Russen wurde schnell klar, wie blauäugig die Pariser Literaten die Sowjetunion sahen, wo sich Stalin seit 1927 in Fragen der Ästhetik eingemischt und die proletarischen Künstler als die einzig wahren Kunstschaffenden ausgerufen hatte. Schlag auf Schlag hatte er Posten mit seinen Gesinnungsgenossen besetzt und die künstlerische Avantgarde zurückgedrängt. Elsa Triolet wußte, in welchem Maße Majakowskij sich den Parteistatuten unterordnen mußte. Im Pariser Milieu kristallisierte sich Elsa Triolets politischer und ästhetischer Standpunkt heraus, verstärkt noch nach Majakowskijs Selbstmord 1930, der den Auslöser für ihren Entschluß bildete, das intellektuelle Erbe der russischen Avantgarde in Frankreich zu pflegen und unermüdlich an ihre ursprünglichen gesellschaftlichen Visionen zu erinnern. Ihr abschätziger Blick fiel, das war naheliegend, vor allem auf den Surrealismus. Um einige Erfahrungen reicher als die Pariser Schwarmgeister, hielt sie die Revolution einerseits für „eine scheußliche Angelegenheit" – „vielleicht würden Sie ihre Meinung darüber ändern, wenn Sie wie ich eine Revolution erlebt hätten", gab sie Thirion zu bedenken[65] –, andererseits sprach sie den künstlerischen Mitteln der Surrealisten, die „im Dienste der Revolution" stehen sollten, jeden Einfluß auf das revolutionäre Bewußtsein der Menschen ab, da sie sich auf einer viel zu hohen experimentellen und intellektuellen Ebene bewegten.

Als Breton später, 1938, zu Trotzki nach Mexiko pilgerte, mußte er sich von seinem Idol fragen lassen, wozu er denn Surrealist sei, wenn er es mit dem Kommunismus ernst meine

– ein Einwand, der auch aus Elsas Munde hätte kommen können. Sie machte nie einen Hehl aus ihren Zweifeln am inten-
dierten gesellschaftlichen Nutzen der öffentlichen Skandale,
die sie für Dummejungenstreiche hielt. Als sie im Februar
1930 mit Aragon an der Expedition in eine neueröffnete Bar
teilnahm, deren Besitzer die Frechheit besessen hatte, das Eta-
blissement nach den von den Surrealisten gehuldigten Gesän-
gen Lautréamonts *Maldoror* zu nennen, entgingen sie nur
knapp der Verhaftung. Einige Surrealisten hatten sich gewalt-
sam Einlaß verschafft, die vornehme Abendgesellschaft wurde
samt Sektflöten in der Hand zur Flucht genötigt, Interieur
ging zu Bruch, am Ende erschien die Polizei. Elsa Triolet hielt
sich für gewöhnlich solchen Exkursionen fern, setzte auch
keine sonderliche Energie in die Teilnahme an kollektiven
schöpferischen Aktionen. Etwa wurden die Gruppenmitglieder 1930 zur Herstellung surrealistischer Objekte aufgefor-
dert; unter den verschiedenen Schöpfungen, in denen sich
Traumphantasien konkretisieren sollten, ist auch ein Objekt
von Galas Hand; Elsa indessen ventilierte in ihrem Tagebuch:

> „Wie alle anderen wollte ich zu Zeiten des Surrealismus ein
> 'erotisches Objekt' herstellen, es sollte ein Aquarium sein
> (ich hatte nie Geld, um es zu kaufen), mit blauem, lauwar-
> mem, fast heißem Wasser…"[66]

Die Abgrenzung von den Mitteln des Surrealismus hinterließ
eine Spur, die sich quer durch das Werk Elsa Triolets zieht.
Noch in *La mise en mots* (Vom Schreiben), einem theoreti-
schen Text aus den sechziger Jahren, mokiert sie sich über die
Unzulänglichkeit der *écriture automatique*:

> „Im Gegensatz zum automatischen Schreiben, bei dem ver-
> sucht wird, das Bewußtsein auszuschalten und das Unbe-
> wußte freizusetzen, geht es darum, sich auf die zu benen-

Elsa Triolet, 1930

nende Sache zu konzentrieren, derart intensiv, als könne man so die Gewinnzahl beim Roulette erraten: Hätte ich ausreichend Willens- und Konzentrationsstärke, wäre ich in Sachen Literatur Gewinnerin auf ganzer Linie."[67]

Die künstlerische Arbeit sollte an parteiliches Engagement gekoppelt sein und sich nicht im Subjektiven verlieren.

Bereits in den dreißiger Jahren erschien ihr der Surrealismus museal, weil die Objekte Formen wiederholten, die längst keine bewußtseinsverändernde Kraft mehr besaßen. Vor allem in *Bonsoir, Thérèse* (Guten Abend, Therese) greift Elsa Triolet Themen auf, die die Surrealisten berührt hatten, etwa das Schicksal der Vatermörderin Violette Nozière, die von den Surrealisten zu einer Ikone stilisiert worden war, ohne daß sie auf den Notstand aufmerksam gemacht hätten, der sich in ihrer Tat ausdrückte. Triolet schreibt:

> „Eine merkwürdige Grisette, diese Violette Nozière. Seit ihrer Zeit erzählen uns Romane, Gedichte, Chansons immer wieder dieselbe Geschichte... Entsetzlich jung zu sein, den lieben langen Tag in einem Schneideratelier zu arbeiten, sorglose Abende, mit einem Studenten Jugend und Elend zu teilen, begleitet vom Frühling und von Chansons... Und schließlich 'Adieu, Loulou...' [...] Dieses Mißverhältnis zwischen den alten Gewohnheiten und der Wirklichkeit ist es, das die alten Frauen lächerlich macht..."[68]

Sie besteht darauf, daß die Frau ihr Schicksal selber in die Hand nehmen müßte:

> „Ach, die Männer mit ihren zerlumpten Hosen zwischen den Beinen, die sie zuknöpfen, wenn sie von ihrer Liebsten kommen – die Kronen der Schöpfung. Daß es Frauen gibt – die meisten –, die Männer sein wollen. Meine Zartheit im Tausch gegen ihre Behaarung. Die Frauen sind die Zukunft der Welt. Ihre Stärke ist unentdeckt, aber schließlich gibt es auch die Elektrizität nicht schon immer. Sie wird noch Berge versetzen, diese Kraft aus Liebe, Instinkten, Energie, Intelligenz, um die noch keiner weiß, und die der Hexerei verdächtig ist, weil noch keiner sie versteht. Keine Amazonen – Frauen, wie sie femininer nicht sein könnten, mit

Brüsten, langen Haaren, zerbrechlich und zart… Und mächtig."[69]

In den Jahren zwischen 1928 und 1930, in denen Elsa an Aragons Seite in der Surrealistengruppe verkehrte, ging ihr das in immer stärkerem Maße von Breton ausgehende strikte Reglement gegen den Strich: „Sowenig wie sie die Vorschriften ertrug, die im Surrealistenmilieu herrschten, sowenig war sie Kommunistin. Das heißt, sie war nicht in der Partei."[70] Die Ablehnung betraf nicht allein die politischen Positionen der Surrealisten, sondern auch die Umgangsformen der Männer den Frauen gegenüber. Von sexueller Libertinage als sozialer Philosophie hielt sie nichts: Affären hatte Elsa bereits genügend genossen, aber diese flüchtigen Vergnügungen waren genau das Gegenteil der von ihr ersehnten dauerhaften Bestätigung in der Liebe. Keine Frau aus der Gruppe eignete sich so wenig wie Elsa zur Mystifikation als surrealistische Muse. Nicht nur durch ihre innere Einstellung, auch äußerlich stach sie von einem Frauentypus ab, wie ihn Nadja in Bretons gleichnamigem, soeben erschienenem Buch verkörperte. Elsa entsprach weder den idealisierten Vorstellungen der Surrealisten im allgemeinen, noch schien sie speziell Aragons Typ zu sein. Die von ihm einst umschwärmte Denise Lévy wie auch Nancy Cunard hatten grazil, wenn nicht gar ätherisch gewirkt. Elsa indessen war mit ihrer kräftigeren Physiognomie eine eher bodenständige Erscheinung. Mit fortgeschrittenem Alter kultivierte sie eine Art persönlicher Strenge, ähnelte sogar ein wenig Clara Zetkin, von der Aragon auf dem Kongreß in Tours 1920, wo sich die KPF bildete, tief beeindruckt gewesen war.

In der Tat entsprach Elsas Liebesvorstellung den marxistischen Gleichberechtigungsideen, wonach nicht die sexuellen Beziehungen, sondern der Wert im Arbeitsleben das Ansehen der Frau bestimmten. Ihre Rolle als bloßes Schmuckstück innerhalb der Männergruppe war für Elsa ein Indiz falschen politischen Bewußtseins, das von ihr geahndet wurde: „[...] die Surrealisten, die einmal eine Umfrage über die Liebe gemacht hatten, akzeptierten die Teilnahme von Frauen keineswegs."[71] Auffällig ist, daß in den während jener Jahre geführten Gesprächen der Surrealisten über Sexualität Aragon der einzige unter den Rede und Antwort stehenden Männern war, der den Frauen Individualität einräumte und sie nicht als Gattungswesen behandelte, wobei seine homosexuellen Neigungen – Breton stets ein Dorn im Auge – sicherlich eine Rolle spielten. Aragon ist es, der auf die unterschiedliche Sexualität von Mann und Frau hinweist; er wehrt sich gegen „eine Vorstellung vom 'Normalmann'", aus dessen Perspektive innerhalb der Gruppe die Frauen beurteilt würden.[72] Auf Bretons Frage, ob denn niemand wisse, was es heiße, eine Frau zu lieben, entgegnet Aragon: „Doch, ich. Eine Frau lieben heißt sie als alleinigen Lebensinhalt zu betrachten, als eine Inbesitznahme, vor der alles andere zurücktritt."[73] Oder, anders ausgedrückt: Jenseits der Illusion, die Ehe garantiere beständige Leidenschaft, sollte sie vor allem eine Entdeckungsfahrt in geistiger Gemeinschaft sein. Wenn sich Aragon zum damaligen Zeitpunkt für Elsa entschied, so erteilte er damit gleichzeitig dem surrealistischen Frauenbild eine Absage. Die Anbetung, die ihr später in Aragons Versen zuteil wurde, galt nicht der auf Mann und Frau beschränkten *amour;* „Elsa" wurde zum Namen für Aragons Ausgang aus 'surrealistischer Unmündigkeit'.

Muß noch gesagt werden, daß André Breton und Elsa Triolet sich niemals leiden konnten? „Sie behauptete, vom Surrealismus nichts zu verstehen; Breton mochte sie nicht, der ihr im übrigen Mißtrauen entgegenbrachte."[74] Elsa Triolets und Bretons kontroverse ästhetisch-politische Auffassungen gingen Hand in Hand mit beiderseitiger persönlicher Antipathie, deren Ursache Besitzansprüche waren, die beide auf Aragon erhoben. Breton sah seinen Einfluß auf den Jugendfreund aus den Zeiten gemeinsamer literarischer Initiation vollständig schwinden. Die neue Geliebte war gleichzeitig eine Person, mit der Aragon neue literarische Wege beschreiten sollte. Konstruktion hier, Destruktion dort: Breton – mit Simone in Scheidung lebend und in der unsicheren Beziehung mit Suzanne Muzard – durchstand gerade eine tiefe Krise, in der seine hehre Liebesauffassung arg gebeutelt wurde.

1932 wirbelte die sogenannte „Affaire Aragon" Staub auf: In seinem Gedicht *Rotfront* eröffnete der Dichter das – verbale – Feuer sogar auf die Sozialdemokratie. Breton plädierte zwar für den unter Anklage stehenden Aragon und die künstlerische Freiheit, doch führte die Affäre zum endgültigen Bruch zwischen den scheidenden Brüdern, weil Breton das Gedicht als formal rückständig verurteilte. Aragons radikalisierter Standpunkt offenbarte sich in seinem Kommentar zu Dalís Denkmaschine, einem Objekt aus vielen kleinen mit warmer Milch gefüllten Trinkbechern, die an einem Schaukelstuhl befestigt werden sollten. „Ich protestiere gegen Dalís Objekte – Gläser voll Milch sind nicht zur Herstellung surrealistischer Objekte, sondern für die Kinder von Arbeitslosen da." Dalí deutet dies als klare Ankündigung des bevorstehenden Bruchs. „Er schlug damit jenen Ton intellektueller und moralischer Gemeinheit an, in den er verfallen sollte, um zu guter Letzt schmählich in den allerservilsten Konformismus, in die stalinistische Bürokratie, abzusacken."[75]

Aragons politische Eindeutigkeit wurde Elsa später zur Last gelegt, dabei hatten Aragon und Breton bereits 1920, dem Gründungsjahr der Kommunistischen Partei, mit dem Beitritt geliebäugelt, und die Surrealisten waren seit 1926 der KPF beigetreten, die als einzige Antikriegspartei galt. „Breton stand dem Kommunismus näher als ich. In meiner Entwicklung hin zum Kommunismus verdanke ich – entgegen dem allgemeinen Glauben – Breton sehr viel", schreibt Aragon.[76] Der abtrünnige Surrealist wurde gern in die Rolle des Opfers einer Verirrung gedrängt, für die Elsa Triolet vor allem von denen verantwortlich gemacht wurde, die seine Politisierung nicht guthießen. Aragon an seinen Freund Jean Paulhan:

> „Soviel ich davon verstehe, was mir E. darüber schreibt, was in unseren literarischen Milieus über sie geredet wird, so scheint es mir, daß man einem Mann in den Rücken fällt, wenn man ihm nicht die Stirn bieten oder ihn sogar ins Herz treffen kann. Deshalb ist es schwierig, die Frau eines verhaßten Schriftstellers zu sein."[77]

Der glänzende Schriftsteller Aragon, an dessen Können keiner zweifeln will, ist zu retten, wenn seine politischen Delikte auf Elsa und ihren bösen Einfluß abgewälzt werden. Auf Adrienne Monnier anspielend, schrieb Elsa: „Diese 'Feministinnen' haben mich im Schatten des umflorten Aragon nie sehen wollen."[78] Innerhalb des Paares war Aragon immer der Sympathieträger, die fordernde Elsa der Sündenbock. Claire Golls bissiger Kommentar:

> „Vielleicht hätte sich Aragons Schicksal anders gestaltet, wenn er Elsa Triolet nicht getroffen oder, besser gesagt, Elsa Triolet nicht auf ihn verfallen wäre. Sie hat ihn regelrecht mit dem Enterhaken gekapert. Dann brachte sie ihn nach und nach dazu, mit seinen surrealistischen Freunden zu brechen, damit sie seinen Ruhm mit niemandem mehr zu teilen brauchte. Sie wurde seine politische und literarische Managerin und lenkte seine Schritte auf dem Weg des Erfolges. Wenn Aragon eine andere Frau gefunden hätte, wäre ein anderer Schriftsteller aus ihm geworden."[79]

War es aber nicht genau Elsa Triolets Verdienst, die Individualität Aragons erkannt zu haben, die sich nicht länger im engen

Korsett der Gruppe entfalten konnte? „Sicherlich stellte sie fest, daß Aragon unter den Surrealisten nicht die erste Geige spielte, und daß die durch ein ungeschriebenes Gesetz auferlegten Regeln sowie Bretons Launen die Persönlichkeit ihres Geliebten erstickten."[80] Aragon selber stellte seine Zeit als Surrealist späterhin gern als Irrfahrt durch Nebel und Wolken dar. Er und Breton wurden zu Köpfen, die literarische Schulen prägten; doch während in Bretons Surrealismus stets eine Trennlinie zwischen der Liebe zu einer Frau und der Liebe zur Sprache verlief, wurde die Produktionsgemeinschaft des sich liebenden Paares zum elementaren Bestandteil des Aragonschen Literaturkonzepts.

Aragon und Breton sollten sich nach ihrer Entzweiung 1932 nie mehr wiedersehen, wenngleich sie aus der Ferne den Werdegang des anderen jeweils mit Aufmerksamkeit verfolgten. Noch 1979, in einem Interview, vergaß Aragon bei der Erinnerung an Breton nicht zu erwähnen, daß er gerade in einem Sessel unter Elsas Portrait sitze, „die mir mit einem Lächeln zuhört".[81]

DIE DREISSIGER JAHRE

Elsas Zweifel an der Beständigkeit des Lebens mit Aragon waren zwar vertrieben, doch die kommenden Jahre gestalteten sich nicht friedlicher als die ruhelosen Jahre zuvor. Aragon fragt:

„Wie konnte das Leben einer Frau im damaligen Frankreich aussehen, verheiratet mit einem alleinstehenden Franzosen, in dem die Leute später eine so wenig zu empfehlende Person wie mich entdecken sollten?"[82]

Elsa saß gleichsam zwischen zwei Stühlen: Als Russin in Frankreich, die sich schon durch den Akzent verriet, verdächtigte man sie sogar der prosowjetischen Spionage; in der Heimat galt sie inzwischen als kapriziöse Pariserin.

„Vielleicht hätte ich in mein Land zurückgehen können oder sogar müssen, aber darüber dachte ich gar nicht nach. Mit den Meinen war ich nicht mehr auf einer Wellenlänge, Familie oder nicht: Sie hatten den Bürgerkrieg, die Hungersnot, die mörderischen Winter erlebt, während ich irgendwo auf dem paradiesischen Tahiti weilte. Manche sagten mir das auch, ohne ein Blatt vor den Mund zu nehmen."[83]

In der Tat schreibt Ossip Brik 1933 an Lilja:

„Seit Elsa fort ist, geht viel weniger Geld für Essen drauf, weil Aragons mäklig sind und immer mal dies, mal das nicht mögen. Dabei hatten sie reichlich Geld, wußten gar nicht wohin damit. [...] Überhaupt bin ich froh, daß sie weg sind. Die letzte Zeit hatten sie sich gar zu sehr breitgemacht. Schnatterten, machten Spektakel. Kamen und gingen, aßen, wann es ihnen einfiel, nahmen auf nichts und niemanden Rücksicht. – Natascha sagte: 'So sind die Franzosen.' – Boheme mit Ausländerversorgung. – Ich mag so was nicht."[84]

Die Heimat schien für Elsa immer dort zu sein, wo sie sich gerade nicht aufhielt: In der Sowjetunion kultivierte sie den leicht luxuriösen Habitus der Pariserin, in Frankreich trat sie mit dem Gestus der sozialistischen Genossin auf.

Elsa verspürte wohl die vage Lust, nicht aber die gleiche Berufung zum Schreiben wie Aragon – sicher konnte sie sich weiterhin als Schriftstellerin versuchen, doch fehlte ihr ein zündendes Thema. Abgesehen davon mußte Elsa Ideen entwickeln, wie an Geld zu kommen war. Sie übernahm Schreibarbeiten und trat – durch Vermittlung Luis Buñuels – als Statistin beim Film auf. Sie perfektionierte sich im Herstellen von Modeschmuck. Bei einem Galeriebesuch war ein Redakteur des Modemagazins *Vogue* auf ihren originellen Halsschmuck aufmerksam geworden und schlug ihr vor, solche Ketten serienmäßig herzustellen. Abnehmer gab es genug, die Modeschöpferin Elsa Schiaparelli lancierte Pullover mit üppigen Accessoires. In der Manier eines Flaneurs ließ sich Elsa bei ihren Streifzügen durch die Gassen des Pariser Sentier-Viertels inspirieren, wo alles erdenkliche Zubehör zu haben war. Sie stellte Glasperlen, Porzellanblätter, Papierblumen zu originellen Unikaten zusammen. Mit Aragon zog sie durch die vornehmen Pariser Quartiers, um sie in den Häusern der führenden Couturiers, Chanel, Lanvin, Molyneux, Schiaparelli, Lelong, anzubieten. Ihre Exkursionen durch die Welt der Modehäuser schilderte Elsa in *Colliers*. Sie verhandelte bereits mit einem Leningrader Verlag, da schritt die Zensur ein und verbot die Publikation; nur ein Auszug wurde 1933 in *Krasnaja Nov*, dem Organ der Union sowjetischer Schriftsteller, abgedruckt, das noch nicht restlos gleichgeschaltet worden war. Als 1934 Triolets russische Übersetzung von Célines *Reise ans Ende der Nacht* erschien, hatte die Zensur auch diesen formal avancierten Text verstümmelt. Aus Elsas Korrespondentenberichten in *Krasnaja Nov* und *Tridcat Dnej* über den Generalstreik vom 9. Februar und die Volksfront wurde auch die leiseste Kritik gestrichen. Ihr war klar, daß sie als freie Schriftstellerin in der Sowjetunion keine Chance mehr hatte und sich ausschließlich an ein französisches Publikum würde richten müssen. In der Tageszeitung *Ce Soir*, deren Chefredakteur Aragon war, schrieb sie weitere Artikel und unterhielt 1937 eine Kolumne: Unter dem Pseudonym Prune, Pflaume, und der Überschrift *Je n'ai rien à me mettre* (Ich hab' nichts anzuziehen) gab sie den Leserinnen Modetips. Dazu erkundigte sie sich bei der Schwester:

„Wie findest Du meine Modeseite in 'Ce Soir'? Die kleinen Artikel sind meist nicht mein Produkt, meistens schustere ich sie zusammen oder schreibe sie um. So ganz nebenbei habe ich für Lucien Lelong ein paar Modelle mit Perlen und ein Handtäschchen gemacht. Das Täschchen ist lustig – durchsichtig wie aus Glas (für den Abend), so daß der ganze Inhalt zu sehen ist, der natürlich schön sein muß! Puderdose, Geld und Liebesbriefe."[85]

Etwa zeitgleich schrieb Ré Soupault für Berliner Magazine Modeseiten unter dem besonderen Aspekt, wie die Frau sich auch mit wenigen Mitteln nach dem neuesten Schrei kleiden könne.

1938 erschien *Bonsoir Thérèse,* der erste von einem guten Dutzend Romane, die Elsa Triolet im Laufe ihres Lebens noch veröffentlichen sollte. Wie alles Vorausgegangene ist *Bonsoir Thérèse* stark autobiographisch, handelt vom einsamen Irrlichtern einer Fremden in Paris. Beim Schreiben hatte sie nicht nur die fremde Sprache, sondern auch die männliche Konkurrenz gegen sich. Thirion berichtet von tränenreichen Szenen bereits aus der Rue du Château, wann immer Elsa Aragon etwas von sich vorlas. Elsa soll Clara Malraux erzählt haben, daß sie ihre Manuskripte vor Aragon verstecke.

„Um sich seiner Maschine bedienen zu können, mußte sie immer warten, bis die Tür hinter ihm ins Schloß fiel. Dabei war sie doch in Rußland eine anerkannte Schriftstellerin gewesen, und auch Ehrenburg hatte uns gegenüber mit Hochachtung von ihren Büchern gesprochen. Und jetzt, wo sie die Frau eines berühmten Schriftstellers war, konnte sie es sich nicht mehr leisten ... Ja, was eigentlich? Ein schlechtes Buch zu schreiben? Aber dafür wäre doch eigentlich nur sie selbst verantwortlich ... Oder fürchtete

Elsa Triolet, 1939 (Foto: Gisèle Freund)

sie vielmehr die Feindseligkeit des Mannes, der für sich
selbst den ersten Platz beanspruchte?"[86]

Dabei stellte Elsa ihr eigenes Können immer hinter Aragons
schriftstellerisches Talent. Von einem ihrer Bücher sagte sie,
„daß beispielsweise Aragon es hundertmal besser geschrieben
hätte".[87] Bei aller Übereinstimmung der politischen Perspektiven von Aragon und Triolet wichen ihre Schreibweisen außer-

ordentlich voneinander ab. Während der Sprachkünstler sich letztlich an die 'Happy few' eines intellektuellen Publikums wandte, hatte sie das Bestreben, für den Massengeschmack zu schreiben, wobei die Anhäufungen expliziter Botschaften und die vereinfachenden Darstellungen komplizierter Sachverhalte immer wieder zu Platitüden führten, worauf Aragon in einem Brief an Jean Paulhan offenbar anspielt: „Ich habe keine Angst mich lächerlich zu machen, wenn ich von dem spreche, was meine Frau schreibt. Ich glaube, sie beschreitet Wege des Ausdrucks, die uns verschlossen sind. Mir jedenfalls sind sie verboten."[88]

Die sich überstürzenden Ereignisse bestimmten über die Entfaltung der Schriftstellerin Elsa Triolet. Aragon wurde am 2. September eingezogen – wie im Ersten Weltkrieg als Aushilfsarzt. Elsa, allein in Paris, mußte Hausdurchsuchungen über sich ergehen lassen. „Mir saßen sie die ganze Zeit im Nacken und hätten mich bestimmt verhaftet, wäre nicht die Massenflucht aus Paris dazwischengekommen."[89] Im Juni 1940 wurde Aragon demobilisiert, und das wiedervereinte Paar flüchtete in die freie Zone im französischen Süden, wo sie von einer Unterkunft in die nächste zogen, bis sie schließlich in Nizza eine Bleibe fanden. Leben konnten sie in der Hauptsache von den Tantiemen der amerikanischen Ausgabe von Aragons Roman *Die Reisenden der Oberklasse*. In jener Zeit füllte Elsa Notizhefte mit ihren Beobachtungen des durch den Krieg vollkommen veränderten Alltagslebens: Der Schwarzmarkthandel blühte, überall Flüchtlinge, die auf die Schiffspassage nach Amerika warteten. Doch das legale Publizieren gestaltete sich zusehends schwieriger, die Zensur griff immer öfter ein. Im Sommer 1942 wurde die gesamte Belegschaft des von Aragon mitbegründeten Résistance-Organs *Les Lettres Françaises* festgenommen und erschossen. Im November dann, als Mussolinis Truppen Nizza besetzten, gingen Elsa

1942 in Nizza

Triolet und Aragon in den Untergrund – ein Entschluß für den politischen Kampf und gegen das Exil in Amerika, wohin inzwischen zahlreiche Kollegen, unter ihnen auch Breton, ausgewandert waren. Mit falschen Papieren lebten sie zunächst in Lyon; dort wurde es jedoch bald zu gefährlich, so daß sie in ein kleines Provencedorf weiterzogen. Elsa schrieb unter dem Pseudonym Laurent Daniel Novellen, die als hosentaschengroße Broschüren erschienen und von Hand abgeschrieben weitergereicht wurden, sowie einen Kurzroman, *Die Liebenden von Avignon.* „Schreiben war meine Freiheit, meine Herausforderung, mein Luxus. Niemand konnte mich daran hindern, Wirklichkeiten zu erfinden."[90]

Im Frühjahr 1943 wurde Elsa Triolets Roman *Le Cheval blanc* (Das weiße Pferd) in Paris verlegt, obwohl sie als Russin, Kommunistin und Jüdin auf den Index gehört hätte – sie war einfach zu unbekannt. Im September 1944 kehrten Elsa und Aragon ins befreite Paris zurück. Seit jener Zeit riß die Romanproduktion Elsa Triolets nicht mehr ab. Die Résistance hatte ihr die Literatur als politisches Werkzeug in die Hand gegeben. Die gesellschaftliche Tragweite verlieh nicht nur dem lange als Zeitvertreib empfundenen Schreiben, sondern auch dem eigenen Dasein einen erkennbaren Sinn.

> „Wäre das Schreiben nicht gewesen, hätte ich womöglich Hand an mich gelegt, so schwer und furchtbar ist es zuweilen gewesen. Dieses Tun habe ich ordentlich liebgewonnen, es ersetzt mir die Freunde, die Jugend und vieles andere, was einem im Leben fehlt. 'Le Cheval Blanc' hat uns zwei Jahre ernährt, und es war nicht schlimm, daß die Amerikaner uns nichts mehr schickten. Die Bücher hatten viel Erfolg, man begann mich zu achten und ernst zu nehmen."[91]

1945 erhielt Elsa Triolet für ihre Novellensammlung *Le premier accroc coûte deux cents francs* (Das Ende hat seinen Preis) den Prix Goncourt, eine Würdigung der literarischen Résistance.

> „Schon nach kurzer Zeit hatte ich genug Geld, um ein Landhaus zu kaufen; die Leute begannen, meine Bücher zu mögen, ja, sie rannten ihnen hinterher. Theater, Kino, Zeitungen und Magazine standen mir offen. Doch in dem Maße wie die Résistance ihre schönen Farben verlor, schienen auch meine Bücher und ich zu verblassen."[92]

Elsa Triolet in Paris, 1945 (Foto: Robert Doisneau)

Den intellektuellen Widerstand hatten hauptsächlich die Kommunisten organisiert, denen die Aufrechterhaltung des Literaturbetriebs zu verdanken war.

„Es war die Zeit der Vichy-Literatur, im besten Falle der in Wasser gekochten Karotten und Kohlrüben. Der sichtbare Beweis, daß neben dem Unkraut der Kollaboration noch etwas anderes gedeihen konnte, zeitigte eine Wirkung, die man sich heute, da die Ernte wieder gut steht, nur schwer vorstellen kann."[93]

Das Paar Elsa Triolet und Louis Aragon erlebte just nach Kriegsende seine große Stunde, wurde gefeiert, konnte für das gute Gewissen der Nation einstehen. Doch schon bald nach Kriegsende brach die Solidarität auseinander, die der gemeinsame Feind geschaffen hatte. Die europäische Integration durch Amerika drängte die Kommunisten ins Abseits – auch in ein moralisches, denn inzwischen konnten Stalins Verbrechen niemandem mehr unbekannt geblieben sein –, und der Kalte Krieg bestimmte das politische Klima der kommenden Jahre. Nur vor dem Hintergrund der Résistance ist zu ermessen, warum Elsa Triolet so lange an einem Kommunismus festhielt, der in der Sowjetunion totalitär geworden war. Dabei wurde der Freiheitskampf während der Okkupation in einen direkten historischen Bezug zur Befreiung vom russischen Zarenregime gestellt.

„Als ich fortging, war ich sicher, sehr schnell zurückzukommen, nur mal eine Reise zu machen. Noch wußte ich nicht, daß die Politik mein Schicksal sein würde, und wenn ich mir die Ausmaße der Oktoberrevolution vor Augen führte, so dachte ich nicht im geringsten daran, daß die Tore dieses Landes dadurch zu allen Seiten hin verschlossen werden würden. Darum also habe ich mich ins Leben gestürzt wie in ein Meer aus Nostalgie."[94]

Durch Ignoranz und aus einem sentimentalen Verhältnis zum Kommunismus heraus, das diesen nicht als Doktrin, sondern in einem parareligiösen Sinne als eine „Beschaffenheit der Seele" verstand, hat sich Elsa Triolet immer weiter ins Unrecht gesetzt.[95] Außerdem ließ sich der Kontakt zur Schwester in

In Moskau, 1945

der Sowjetunion nur dann so aufrechterhalten, daß Elsa ihr helfen konnte, wenn das offizielle Verhältnis stimmte. Dieser Zweck mochte die Mittel immer wieder geheiligt haben. Daß Lilja aus Photos von Majakowskij kurzerhand wegretuschiert wurde, da zum Bild des inzwischen als sowjetischen Helden gefeierten Dichters keine jüdische Frau paßte, stellte nur die Spitze des Eisbergs dar. Auf dem 20. Parteitag der KPdSU kamen Stalins Verbrechen ans Licht. Schon 1952, während eines Moskauaufenthalts, waren Elsa und Louis die Kampagnen gegen Intellektuelle nicht verborgen geblieben. Seit den Säuberungsaktionen in den dreißiger Jahren waren mehr als 8 Millionen Menschen umgebracht worden, darunter auch Familienmitglieder Elsas. In der UdSSR wurde in den fünfziger Jahren, einer Phase des extremen Nationalismus, in der kosmopolitisches Denken radikal getilgt wurde, von ihr nichts publiziert. Doch Elsa war die Integrität verloren gegangen, die sie als öffentliche Person im Namen der zahllosen Opfer hätte wahren müssen. In Briefen an Lilja sprach Elsa aus, was sie öffentlich verschwieg:

> „Meine Seele ist ganz aus der Fassung, wie nach einem Autounfall – überall Prellungen und Wunden... Was wäre da erst von Euch zu sagen... Wir haben uns durch unsere Gutgläubigkeit schuldig gemacht, die Falschmünzer sind nicht wir, aber wir waren es, die die Falschmünzen in Umlauf brachten – aus Unwissenheit, die wir für Glauben hielten... Also, der Schlagbaum ist geöffnet, es wurde grünes Licht gegeben, jetzt fangen alle an, uns einzuheizen..."[96]

Der öffentlich vollzogene Bruch mit dem Kommunismus wäre der Abschied von der eigenen Geschichte gewesen, einem Lebensentwurf, der jahrzehntelang Gültigkeit besessen hatte. Getragen vom allgemeinen Klima im Frankreich der dreißiger Jahre, war das politische Engagement zu einer persönlichen Bewältigungsstrategie geworden. Mit der politischen Bankrotterklärung entschwand eine Welt, die die Utopie der kommunistischen Gesellschaft in sich getragen hatte. „Das Schiff sinkt! So ist es – unser Schiff sinkt"[97], trauerte Cocteau. Wohl nicht ganz zufällig zog sich das Schriftstellerpaar gerade in den fünfziger Jahren auf einen Landsitz, eine mittelalterliche Wassermühle in der Umgebung von Paris, zurück. Erst gegen Ende ihres Lebens gab Elsa Triolet ihre Irrtümer und damit die eigene Enttäuschung zu. 1968 erhoben Aragon und Triolet endlich öffentlich Einspruch gegen die Invasion der Truppen des Warschauer Paktes in die CSSR. Triolet brandmarkte Solschenizyns Ausweisung aus der Sowjetunion als „monumentalen Fehler" und sprach in einer Erklärung des linksgerichteten nationalen Schriftstellerkommitees offen aus, daß die Geschichte dieses Landes mit Blut besudelt sei.[98] Prompt stand das Paar in den Ostblockländern in Acht und Bann, Subventionen der kommunistischen Partei wurden gestrichen, sämtliche Abonnements der *Lettres Françaises* gekündigt, die 1970 ihr Erscheinen einstellen mußten. Doch für einen Imagewechsel war es längst zu spät. Elsa Triolet ist als prominente Stalinistin in die französische Literaturgeschichte eingegangen. Sie hatte den Kommunismus zu ihrer Sache gemacht, ihn als Plattform der eigenen Selbstdarstellung benutzt, obwohl er sich längst schon zu einem Dogma pervertiert hatte, das Gegenteil der avantgardistischen Ideale geworden war.

Das produktive Schriftstellerpaar

Das Eingeständnis der eigenen Ignoranz und die Aufkündigung der politischen Zielsetzungen, die das gesellschaftliche Ansehen begründet hatten, bedeutete gleichzeitig die Preisgabe der öffentlichen Rolle, an die sich ein neues weibliches Selbstverständnis geknüpft hatte. Elsa Triolet veranstaltete Buchmessen, schrieb regelmäßig in den *Lettres Françaises,* vor allem Theaterkritiken, organisierte eine Wanderausstellung über Majakowskij, leitete Diskussionsrunden. Sie verstand sich nicht nur als Majakowskijs „Bevollmächtigte"; sie zeichnete als Übersetzerin russischer Texte ins Französische, darunter Tschechows sämtlicher Theaterstücke, Erzählungen von Schklowskij, Gedichte von Marina Zwetajewa und Anna Achmatowa, hatte eine Anthologie russischer Poesie herausgegeben. Sie hatte es sich zur Aufgabe gemacht, unablässig an die Kunst der russischen Avantgarde zu erinnern. Durch Repräsentationsfunktionen im Rahmen der politischen Arbeit bekleidete sie eine gesellschaftliche Position innerhalb der Öffentlichkeit und führte als Frau in der Männerdomäne Politik den emanzipatorischen Fortschritt vor, der einer der Leitgedanken ihrer Romane ist.

„Aus Gewohnheit machen sich die Frauen keine Gedanken darüber, was die Zeitungen beschäftigt; sie schließen sich der Meinung ihrer Männer an. Und die Welt ist in mehr oder weniger stabilem Gleichgewicht, solange das Paar über die Frage der Silberlöffelchen in moralischem Einklang steht; doch sobald dieses Gleichgewicht ins Wanken kommt, wird die gesamte potentielle Ideologie erschüttert..."[99]

In Feminismusdebatten allerdings verhallten diese Aufrufe zum Austritt aus der häuslichen Verwahrung ungehört, weil sie, in die kommunistische Ideologie eingebunden, keine wirkliche Entwicklungsmöglichkeit zuließen.

„Dort, wo Mann und Frau nicht im gemeinsamen Kampf vereint sind, fällt der Mensch in mittelalterliche Zustände zurück. Wir, die Frauen sind es, die den Fortschritt repräsentieren, indem wir für unsere Würde als Frauen kämpfen."[100]

In der Vision einer kommunistischen Gesellschaft war das Glück aller Menschen per definitionem enthalten.

In Anknüpfung an den Surrealismus, der Liebe und Begehren als die wahrhaftigen revolutionären Kräfte proklamiert hatte, ohne jedoch dem weiblichen Part einen wirklichen Handlungsspielraum zu lassen, inszenierten Elsa und Louis sich als symbiotisches, tätiges Paar, dessen Liebe durch die Übereinstimmung ihrer Ziele dauerhaften Bestand hat. Das Privatleben wurde als Politikum behandelt; denn jede einzelne Handlung des Individuums berührte – im marxistischen Sinne – die Interessen des Kollektivs. Sie traten gemeinsam auf, gaben Erklärungen einstimmig ab. In einem Dokumentarfilm von Agnès Varda, *Elsa la Rose,* inszenieren sie sich beim gemeinsamen Tun, fragen einander um Rat beim Verfassen der Texte und führen das Schaffen des Schriftstellers als handwerkliche Tätigkeit – als gesellschaftliche Arbeit – vor.

Das Schriftstellerpaar
(Foto: Robert Doisneau)

Das Schriftstellerpaar präsentierte sich auch, indem es beider Romane als einen einzigen monumentalen literarischen Dialog inszenierte. Die zwanzigbändigen *Œuvres Romanesques Croisées* erschienen seit 1964; die Autorschaft wechselte von Band zu Band. Als ineinander verschlungene Textkörper sollten sie den dialektischen Prozeß symbolisieren, der auf das „Ende der Geschichte" sowie auf die Geschlossenheit einer humanistisch gedachten Harmonie jenseits babylonischer Sprachverwirrung zielt. Politische und private Aussage gehen dabei stets Hand in Hand:

> „Wenn sie sich nur von der Wiege an gekannt hätten…
> Wenn sie zusammen laufen und lesen gelernt hätten, wenn
> sie die Liebe miteinander gelernt hätten! All die verlorene
> Zeit. Verschiedene Elternpaare, verschiedene Geburtsorte
> … Man sollte diese Leerstelle überwinden, 'sich erzählen',
> um den Eindruck zu haben, daß diese Trennung, mit der
> ihrer beider Leben beginnt, nicht stattgefunden hat…"[101]

Das heiße Bemühen um die Harmonie des Paares gibt die Richtung des Denkens im ideologischen Zeitalter an: ein universell gedachtes Harmoniebestreben im Glauben an den humanistischen Fortschritt. Die Einlösung der politischen Ideale in der Wirklichkeit konnten sie nicht herbeischreiben; jedoch gelang es ihnen, in der Welt als ein Schriftstellerpaar zu bestehen, in dem die Kreativität der Frau ohne den Verzicht auf die Liebe des Partners ihren Weg fand.

Der Schriftsteller und Poet Aragon zelebrierte die Frau als „Zukunft des Menschen". Elsa ließ eine ihrer Romanfiguren erklären: „Morgen wird Ikarus eine Frau sein". Das klingt wie das Erbe des Surrealismus; doch im Gegensatz zu Breton, der eine – reale – Frau nach der anderen entmystifizierte, um sein Liebesideal zu retten, machte Aragon aus Elsa den Star einer Einheit aus Schreiben und Leben. „Besonders auf Aragons Seite schien es völlige Hingabe zu sein. Fast eine Art religiösen Kults, dessen herrschende Göttin diese einzigartige Frau war."[102] Elsa figurierte nicht nur als seine leibhaftige Partnerin, sondern führte auch ein poetisches Doppelleben in seinen Gedichten: *Elsa*, *Le Fou d'Elsa* (Elsas Narr), *Les Yeux d'Elsa* (Elsas Augen). Sie ist nicht stumme Muse, sondern vernehmlich antwortendes Du des Poeten:

> „Der sogenannte Andere ist nur ein nominaler Ausdruck, was unter dem Anderen verstanden wird, hat kein Gesicht, ist eine Abstraktion, die nichts als abstrakte Gedichte hervorbringt. Für mich ist der Andere in einem ganz konkreten Sinne Elsa. Allen voran ist es Elsa."[103]

Gefragt, wie sich denn die Leserin Elsa gegenüber der poetischen Elsa verhalte, antwortete Aragon: „Ich weiß, daß Elsa das, was sie selbst betrifft, immer so zu lesen versucht, als handle es sich um eine andere Person; sonst wäre es ihr unerträglich."[104]

Und in der Tat ist die poetische Elsa eine autonome Erscheinung, mit deren Namen Aragon die gesellschaftliche Utopie buchstabiert. Er selbst sah sein Dichten in der Tradition mittelalterlicher Minne, als Fortsetzung des singenden Werbens um das Schöne, das sich in der edlen Frau inkarniert. Aragons Idealisierung des Weiblichen in Elsas Namen ist gewiß weit entfernt davon, die Romantik zu verabschieden; der Spieß wird lediglich umgedreht und der Frau aufgrund ihrer 'natürlichen' Stärke die Macht übertragen. Aragon bedient sich des (weiblichen) Gegenübers als Movens seines Schreibens; Elsa hingegen kam viel direkter zu ihren Themen, ohne den Umweg über einen inspirierenden Anderen zu nehmen. Elsa war zwar keine surrealistische Muse, wurde in Aragons Dichtungen jedoch zur Ikone einer sowohl politischen als auch romantischen Utopie. Der Fortschritt im Verhältnis von Mann und Frau zeigt sich jedoch genau in jenem – scheinbaren – Widerspruch von gemeinsamer politischer Praxis und poetischer Inszenierung des Paars. Aragons zeitgenössische Minne wandte sich an eine Frau, die der Musengestalt in nichts entsprach. Weder eignete sie sich zum Sexsymbol, noch akzeptierte man sie als eigenständige Denkerin wie Simone de Beauvoir – was schon der poetische Kult Aragons um ihre Person unterband, wenn er auch von seiner Seite immer mit deutlichem Respekt verbunden war. Die offene Verehrung des Dichters galt einem neuen, selbstbewußten und selbständigen Frauentypus, der sich nach traditionellem Verständnis so wenig zur Anbetung eignete.

Aragon, der immer wieder durch die Eleganz seiner Verse verführen konnte, wurden die politischen Faux-pas weitgehend verziehen. Elsa, die künstlerischen Ausdruck hinter schulmeisterlichem Propagandaton zurücktreten ließ, erhielt diesen Bonus der Güte nicht. Sie blieb Zielscheibe persönlicher Angriffe:

„Ich habe Elsas Augen. Ich habe einen Ehemann, der Kommunist ist. Und ich bin daran schuld. Ich bin ein Werkzeug der Sowjets. Ich bin ein Luxusgeschöpf. Ich bin *grande dame* und Schandfleck. Ich bin dem sozialistischen Realismus ergeben. Ich bin eine Moralistin und ein frivoles, strickendes, fabulierendes Geschöpf. Ich bin Scheherazade, die große Erzählerin. Ich bin die Muse und der Fluch des Dichters. Ich bin schön, und ich bin abstoßend. Man stopft mich mit Gedanken und Gefühlen aus wie eine Puppe mit Stroh, ohne daß ich dafür etwas könnte.“[105]

Die Bilanz am Ende ihres Lebens klingt resigniert. Elsas schriftstellerischer Ruhm war im wesentlichen abhängig vom politischen Klima gewesen, die kommunistische Utopie in immer unerreichbarere Ferne gerückt. Doch eingelöst wurde für sie das Versprechen der Liebe, das sie sich selbst noch als Mädchen in Moskau gegeben hatte. In ihrem letzten Roman *Le rossignol se taît à l'aube* (Die Nachtigall verstummt im Morgengrauen), erschienen 1969, schrieb sie:

> „Und was die Frauen angeht ... Wenn sie heute die einzige Frau bei dem nächtlichen Treffen der Jugendfreunde war, so, weil die anderen auf der Strecke geblieben waren, sich in andere Arme geworfen hatten, oder waren vielleicht gestorben. Oder wollten sich nicht zeigen, ihrer Schönheit und ihrer Jugend beraubt? Da war keine einzige, die mit einem Mann noch durch etwas anderes als die Liebe verbunden gewesen wäre. Sobald es aus ist mit der Liebe, sind sie verschwunden.“[106]

„Tja, so ist das, im Sommer kann man ruhig sterben, die Ärzte sind alle im Urlaub ...“, schrieb Elsa kurz vor ihrem Tod an die Schwester in Moskau.[107] Zufall oder Paarkult über den Tod hinaus: Seit Elsa Triolet am 16. Juni 1970 einem Herzleiden

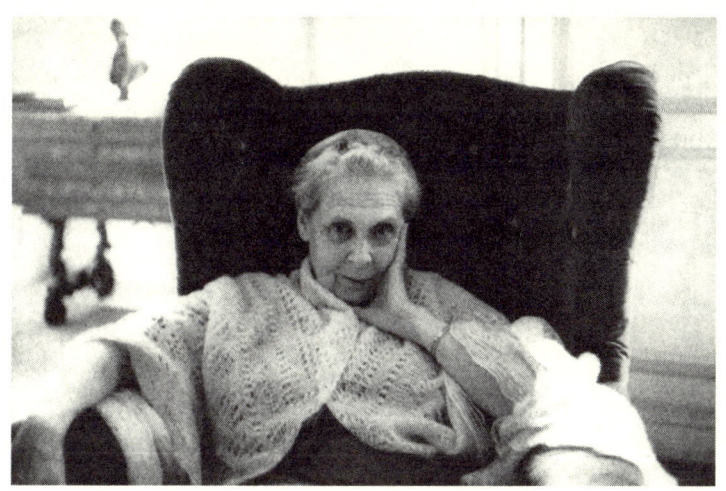

Elsa Triolet, 1966 (Foto: Henri Cartier-Bresson)

erlag, das ihr schon seit ein paar Jahren zu schaffen gemacht hatte, blieb der Abreißkalender in ihrem Zimmer unberührt. Mit Elsa hatte Aragon auch der Kampfgeist verlassen; sein Werk war im Wesentlichen zu einem Abschluß gekommen. Aragon überlebte Elsa um gut zehn Jahre. Beide sind im Park ihres Hauses in St.-Arnoult beerdigt. Auf der Grabplatte ist das Vermächtnis des Schriftstellerpaares zu lesen:

„Und wenn wir dann Seite an Seite nebeneinander ruhen, wird die Verbundenheit unserer Werke uns im Guten wie im Schlechten in einer Zukunft vereinen, die unser Traum und unsere größte Sorge war [...] So werden unsere vereinigten Bücher, schwarz auf weiß, Hand in Hand, dem die Stirn bieten, was uns einander entreißen wird."

Nachwort

In den klassischen Avantgardebewegungen des beginnenden 20. Jahrhunderts sind nicht zufällig besonders viele Frauen hervorgetreten; nicht nur als Künstlerinnen machten sie sich einen Namen, sondern ebenso als Persönlichkeiten des öffentlichen Lebens, als Geschäftsfrauen, Verlegerinnen, Mäzeninnen, Musen mit Handlungsspielraum. Mit Simone Breton, Gala Éluard und Elsa Triolet repräsentieren hier drei Frauen jeweils eine Facette des gesellschaftlichen Wandels, der durch die programmatisch veränderten Umgangsformen im Avantgarde-Milieu forciert wird.

Kaum eine andere Bewegung hat die Liebe stärker zum Thema gemacht als der Surrealismus, und so treffen in ihm ideale Vorstellungen und gelebte Liebe mit aller Vehemenz aufeinander. Für jede der drei Frauen stellte sich das gleiche Problem, zwar zum Zentrum der surrealistischen Bewegung zu gehören, die sich die gesellschaftliche Erneuerung durch die Kunst auf die Fahnen geschrieben hatte, in der herkömmlichen Rolle der Ehefrau jedoch gleichzeitig für bürgerliche Sicherheiten einstehen zu müssen. Die von den Surrealisten öffentlich attackierten Konventionen hatten im Privaten weiterhin Bestand, garantierten mitunter sogar den künstlerischen Fortschritt, dessen radikaler Anspruch der gesellschaftlichen Praxis vorauseilte. An den sich daraus ergebenden Mißverständnissen zeigt sich die Kluft zwischen männlichen und weiblichen Erwartungen; die Konflikte, die sich zwischen Männern und Frauen ergeben, führen indessen zu alternativen weiblichen Lebensmodellen.

Nimmt man die avantgardistische Vorgabe der Durchdringung von Kunst und Lebenspraxis beim Wort, so ist hier kein traditioneller Werkbegriff – ein Œuvre, dessen Genre und Schöpfer benannt sind – Maßstab für das Interesse an den Surrealistenfrauen, sondern Kulturproduktion im Sinne vollzogener Emanzipation. Damit sind die Aufgaben von Frauen in öffentlichen Positionen gemeint, ihr Vermittlerstatus, ihr Aufstand gegen die Bürde der traditionellen Rolle gerade innerhalb des Privaten. Insofern fallen sie durch das Raster einer Kritik, die Frauen in Künstler-Ehen zu einem unproduktiven Dasein im Schatten ihrer Männer verurteilt sieht. Doch nicht nur traditionelle Rollenerwartungen im Paar aus Mann und Frau stellten für die Frauen im Umkreis der Surrealisten ein Hindernis dar, sondern ebenso die Künstlergruppe als ein Verbund von Männern, verbrüdert durch die Kriegserfahrungen und ein gemeinsames Imaginäres. Aus den Unbilden der Realität hinausführende Weiblichkeitsmystifikationen spielten eine parareligiöse Rolle in jenem männlichen *cercle fermé*, aus dem die zeitweiligen Lebensgefährtinnen, Freundinnen und Ehefrauen, gerade auch als Mütter von gemeinsamen Kindern, ausgeschlossen blieben. So ist es kennzeichnend für die Geschichte der surrealistischen Aktivitäten, daß die Frauen darin zum Verschwinden gebracht werden. Hier und dort zur Stelle, finden sie doch nie wirklich Einlaß in das männliche Kollektiv. Von Aragon ist zu erfahren, daß den Dada-Veranstaltungen immer „sehr schöne Frauen" beiwohnten; das Kompliment verschweigt, daß Gabrielle Buffet-Picabia und ihre Schwester Marguerite auch ausgebildete Pianistinnen waren, die den Dadas ihr Können regelmäßig zur Verfügung stellten.[1] Während eines Aufenthaltes bei Breton beobachtete Klaus Mann: „Während die Männer sprechen und sich erregen, scheinen die nachdenklichen, geschminkten Frauen bei ganz anderen Dingen zu sein, etwa damit beschäftigt, das langhaarige graue Hundetier zu streicheln, das zwischen den Traumlandschaften von Max Ernst spazierengeht. Wenn sie aber eine gedämpfte und kluge Bemerkung in die Konversation werfen, merkt man, daß sie in aller Stille durchaus teilgenommen haben."[2] Um als Künstlerinnen oder im Rahmen eines öffentlichen Status agieren zu können, mußten sich die Frauen erst aus der Männerrunde lösen, dessen Absage an die Generation der Väter die letzte Konsequenz fehlte: Die Avantgarde blieb blind für die Tradition patriarchalischer Strukturen, in die sie folglich leicht zurückverfiel. In diesem Sinne wurde die lustvolle ästhetische Verwertbarkeit des Weiblichen von den Surrealisten mit der sozialen Anerkennung der Frauen verwechselt.

Die Abkehr des Avantgarde-Künstlers von der Tradition traf sich indessen mit der Unkonventionalität der Frauen in den Künsten. Innovative Formen, insbesondere die sich in den zwanziger Jahren mit Macht weiterentwickelnden Medien Photographie und Film, boten neuen Inhalten adäquate Darstellungsebenen. Das Anliegen der Frauen, mit den Werten einer patriarchalischen Gesellschaft zu brechen, überschnitt sich nun augenscheinlich mit den Interessen der jungen Avantgarde-Rebellen, deren Abkehr von Elternhaus, Kirche, nationalen und bürgerlichen Werten im surrealistischen Erneuerungsgedanken konsequent zu Ende gedacht schien. In seinem Mittelpunkt stand die Liebe mit allen – idealisierenden – politischen und ästhetischen Implikationen, im Sinne eines vom leidenschaftlich Liebenden ausgehenden Humanismus. *L'amour fou,* die irrwitzige, wahnsinnige Liebe, erotisiert das gesamte Universum, intensiviert das Erleben. Die Liebesmystifikation der Surrealisten gehorcht ihrer Beschwörung des Zufalls: Die unplanbare, unabsehbare Koinzidenz wurde gefeiert wie eine Fügung des Schicksals, die bereits zuvor unsichtbar in den Lauf des Lebens eingeschrieben zu sein schien. Solche Poetisierung der Liebe wurde in dem geschichtlichen Moment vorgenommen, da die Psychoanalyse auch noch die letzte Domäne des Geheimnisvollen, das Gefühlsleben des Menschen, als ein Zusammenspiel von Mechanismen erkannt hatte.

Wann immer im Surrealismus von der Liebe gesprochen wird, dreht es sich um die Frau als Projektionsfläche der männlichen Sehnsüchte und Hoffnungen. Frauen verkörpern die verheißungsvollen Erlösungsvorstellungen der Surrealisten. Aragon wird die Frau später als „Zukunft des Menschen" besingen, als Statthalterin einer Utopie. Der Surrealismus hat sich in einzigartiger Weise mit der Frau befaßt, ihr gehuldigt und sich auch für ihre Rechte ausgesprochen. Gerade solches Entgegenkommen aber muß als fatales Mißverständnis gelten, denn dieses Ideal der leidenschaftlichen Liebe entsprang männlichen Wunschvorstellungen. Paradebeispiel dafür ist das engagierte Pamphlet gegen die Verurteilung Charlie Chaplins, „Hands off Love", in der *Révolution surréaliste*, der Zeitschrift der Gruppe zwischen 1924 und 1929. Mrs. Chaplin klagte gegen ihren Mann, weil er die Familie verlassen hatte. Die aufgebrachten Herren rührten die Trommel jedoch nicht für die Frau in der Zwangslage, sondern im Namen Chaplins für die Freiheit des passioniert Liebenden, der im Namen der Liebe das Recht besitzt, die als bürgerlich gegeißelten familiären Verpflichtungen über den Haufen zu werfen. Statt gesellschaftlicher Pragmatik wurde das Ideal romantischer Liebe als revolutionäres Mittel anerkannt.

Die zwischen 1928 und 1932 – also relativ spät – unter den Surrealisten durchgeführten Gespräche über Sexualität zeigen deutlich das Befremden, das die Frauen im Kreise der Männer befallen haben muß. Das Geheimnis des Ehelebens hinter verschlossener Tür wurde als Bodensatz verlogener bürgerlicher Moral verurteilt, also stand zu Gebote, daß jeder das Herz auf der Zunge tragen und frei über seine sexuellen Beziehungen sprechen möge. Auf die Frage nach der beliebtesten Praxis im Geschlechtsverkehr durften als Antwort Sodomie und die Aufzählung verschiedener halsbrecherischer Stellungen nicht fehlen. Libertinage und Promiskuität waren gang und gäbe. Doch zwischen dem freiheitlichen Anspruch und seiner Verwirklichung klaffte eine Lücke: Fragen zu Lust und Liebe wurden dann doch lieber unter Ausschluß der Frauen verhandelt. Auf den Hinweis Pierre Navilles, daß ausgerechnet dieses Thema beide Geschlechter angehe, erwiderte Breton, daß nicht die Meinung der Frauen interessiere, sondern die Enthüllung sexueller Phantasien und Tatsachen, die sich hinter den literarischen Sublimationen der schreibenden Männer verbergen. Als den Freundinnen und Ehefrauen der Surrealisten zu einem späteren Zeitpunkt doch noch das Rederecht erteilt wurde, blieb es bei deren vielversprechenden Andeutungen. Nusch, Éluards zweite Frau, gestand, sie habe „die allerdirektesten" Vorstellungen des Begehrens, Jeannette Tanguy bekannte, sie bevorzuge den Liebesakt „ganz allein". Die wahrhaft avantgardistische Chance, weibliche Erotik und Sinnlichkeit zu beleuchten, wurde jedoch vollkommen verschenkt. Breton blockte die Antworten ab, er scheute sich vor einer Wirklichkeit, in der Frauen tatsächlich Phantasien haben könnten, die das ideale Bild beflecken. Den imaginären Frauen ästhetisierter Gehege war alles gestattet, aus dem Munde der Gattinnen indes klang jedes unmoralische Wort wie eine Drohung – die realen Frauen blieben Fremde gegenüber den kultivierten Männerphantasien. Daß, umgekehrt, die Männer den freien Redefluß der Frauen hemmten, wird in den Worten der befragten Simone Vion deutlich, „Männer nur im Zustand völliger Neutralität" zu ertragen – Ausdruck ihrer Sensibilität für die Umbruchsphase, in der die Generation lebte, der sie angehörte. „Ich habe den Eindruck, daß ich mich so sehr verändere, daß ich keine Meinung mehr zur Sexualität habe."[3]

In diesem Zusammenhang wurde stets auch die Frage der Eheschließung erörtert: „Das frenetische Bedürfnis nach Trottoirs und Überraschungen. Wir lieben nur die gesichtslosen Schatten, die sanften Schatten des Zufalls. – Aber, [...] haben Sie niemals daran gedacht zu heiraten?"[4] Der programmatische Bruch mit der Tradition führte keineswegs dazu, daß die eheliche Verbindung als bürgerliche Konvention gemieden wurde. Man betrachtete sie als nebensächlichen bürokratischen Akt. Georges Sadoul, über Sinn und Zweck der Eheschließung befragt, antwortete: „Frage rein juristischer Art, die mich nicht im geringsten interessiert."[5] Weniger nebensächlich ist allerdings der stets eskamotierte ökonomische Faktor: War die Angetraute reich, tat sich eine Mitgift auf wie im Falle von Simone Kahn oder Greta Knutson, einer wohlhabenden schwedischen Großbürgerstochter, die Tristan Tzara heiratete. Éluard riet Gala dringend zur Heirat mit seinem Nachfolger: „Denke daran, mein kleines Mädchen: Wenn Dalí sterben würde, besäßest Du gar nichts mehr. Sein Vater könnte Dir alles wegnehmen, all das, was sich bei seinem Sohn befindet – und strenggenommen würden dann alle DEINE Bilder (also auch die meinen) ihm gehören."[6] Die Institution Ehe blieb unangetastet, weil sich die Gesellschaft nicht geändert hatte; sie bot einen Rahmen, der allerdings unterschiedlich ausgefüllt wurde. So will es scheinen, als seien sexuelle Freizügigkeiten erst durch Netz und doppelten Boden der Ehe möglich. Die Vorstellung von Vollkommenheit, die zu zweit nicht erlangt werden kann, sollte etwa die Dreiecksbeziehung erfüllen, die als nonkonforme Konstellation zelebriert wurde, nicht selten aber nur das traditionelle Rollenschema widerspiegelte, in dem ein Mann zwischen Mutter und Hure steht.

Zu den Ikonen der Surrealisten gehörten die Frauenbilder der deutschen Romantik und des französischen Symbolismus – mythologische, unerreichbare Geschöpfe, schön und gefährlich zugleich. Der junge Breton träumte davon, sich für eine ganze Nacht im Gustave-Moreau-Museum einschließen zu lassen, umgeben von großformatigen Allegorien und Apotheosen des Weiblichen, als Born aller Wünsche eine ebenso verlockende wie bedrohende, in der Kunst gebannte Macht. Aragon schwärmte von der erotischen Gewalt jener Frauen, bei „denen alle Männer, mit denen sie Liebe machen, sterben".[7] Eine interne Befragung unter den Proto-Surrealisten gibt einen Eindruck ihrer erklärten Lieblingsfrauen: Mme Tallien, Marguerite de Bourgogne, Lucrezia Borgia, Salomé, Isabeau de Bavière, Messalina, Phryne – alles männermordende, blutrünstige und lasterhafte Heroinen aus Mythologie und Geschichte. Eine Heldin der Gegenwart war die militante Anarchistin Germaine Berton, die für den Mord an einem Königstreuen im Januar 1923 hingerichtet wurde; die *Révolution surréaliste* widmete ihr einen Artikel. In der Zeitschrift erschienen zum „fünfzigjährigen Jubiläum der Hysterie" auch Aufnahmen von der spasmisch sich windenden Augustine, Studienobjekt des Pariser Arztes Charcot und für die Surrealisten eine Inkarnation der *beauté convulsive:* „Die Schönheit wird wie ein BEBEN sein, oder sie wird nicht sein."[8]

Die schizophrene Nadja, der Breton eines Tages auf der Straße begegnete und die scheinbar Zugang zu anderen Bewußtseinsebenen hatte, ist die Protagonistin des gleichnamigen Klassikers des Surrealismus, den Breton 1928 publizierte. Die siebzehnjährige Violette Nozière, mißbraucht von ihrem Vater, vergiftete ihren Peiniger; die Surrealisten widmeten ihr, die nicht als Täterin, sondern Opfer einer kaputten Moral angesehen wurde, als Hommage einen Gedichtband. Im gleichen Jahr, 1933, ging der Fall der Schwestern Papin durch die Presse, zweier Dienstmädchen, die in einem entsetzlichen Gemetzel ihre Herrschaften umgebracht hatten – eine Bluttat, die den Rebellen im Sinne des absoluten Bösen Lautréamonts außerordentlich gut gefiel. Aragon erklärt diese Affinität der jungen Männer: „Wir waren von allem angezogen, was eine aufgezwungene Moral uns vorenthalten wollte, dem Luxus, Festen, den vielstimmigen Lastern, sowie dem Bild der Frau, einer heroisierten, heiligen, abenteuerlichen."[9] Prototypisch für eine solche Frauengestalt war auch der Leinwandstar Musidora. „Dieses bezaubernde Schattentierchen also war unsere Venus und unsere Vernunftgöttin."[10] Die Diva der Stummfilmserie *Les Vampires* begeisterte die Massen als „Irma

Vep" (ein Anagramm von „Vampire") und avancierte zum Sex-symbol einer ganzen Generation; in ihrem schwarzen, enganliegenden Suit erschien sie als der zeitgemäße Androgyn, dessen Wiederkehr aus antiker Zeit Breton noch in Texten der fünfziger Jahre beschwört. Doch dieses Objekt der Begierde blieb ein Phantasiegebilde auf Zelluloid, und auch die anderen Idole entsprangen Vorspiegelungen falscher Tatsachen; das Versuchsobjekt Augustine wurde photographiert, nachdem man ihr sexuell stimulierende Aufputschmittel verabreicht hatte. Die Faszination, die Nadja auf Breton ausüben konnte, machte ihn blind für ihre tatsächliche Hilfsbedürftigkeit – was er im letzten Kapitel seines Buches übrigens bereut. Die Lust an der surrealistischen Mystifikation des phantasiebegabten Irrsinns will von den Ursachen der Hysterie nichts wissen, die keine natürliche weibliche Eigenschaft ist, sondern ein Ausdruck von Sprachlosigkeit innerhalb diskriminierender Verhältnisse.

Die in Werken Aragons, Bretons und Éluards poetisierten Frauen sind keine erdachten oder unerreichbaren Geschöpfe. Sie haben reale Vorbilder, und darunter befinden sich auch die Freundinnen und Ehefrauen. Aragon gibt der Liebe, die das ganze Universum lenkt, den Namen Elsa, so daß neben der realen Frau eine zweite, eine Idealfrau, entsteht. Die Elsa der Aragon-Gedichte ist poetisches Double Elsa Triolets, und unsichtbar hinter Éluards Dichtungen verbirgt sich Gala, in deren Namen sich der stetige, für seine Lyrik unabdingbare Nachvollzug der Liebe ereignet. Breton ist sparsam mit der Poetisierung seiner Lebensgefährtinnen. Seine erste Frau Simone Kahn fand namentlich keinen Platz in seinem Werk. Zum einen wirkte ihre Präsenz in den Anfängen der Bewegung ihrer literarischen Überhöhung entgegen, zum anderen verrät sich das Gefühlsleben des Theoretikers Breton stets nur äußerst mittelbar: In der *Révolution surréaliste* lancierte er nicht zufällig zum Zeitpunkt seiner Scheidung von Simone die Leserumfrage „Welche Art der Hoffnung setzen Sie in die

Liebe?"[11] Erst Jacqueline Lamba und Elisa Claro-Bindhoff, Bretons zweite und seine dritte Ehefrau, erfuhren als Wassernixe und als Kindfrau poetische Animation in *Arkanum 17*. In die Literaturgeschichte eingegangen ist Breton, anders als Aragon und Éluard, nicht mit einer seiner leibhaftigen Frauen, sondern mit Nadja, dieser flüchtigen Erscheinung. Nadja verkörpert am besten Bretons Liebesideal; sie avancierte zum Inbegriff einer Erotik, bei der es um nichts geringeres geht, als aus dem ganzen Leben eine rasende Fahrt mit geschlossenen Augen zu machen, „das atemberaubende Leben".[12]

Philippe Soupault, selbst einer der Pioniere des Surrealismus, scheint hingegen einen Strich unter die Verbindung von Schreiben und Liebesleben gezogen zu haben. Seine erste Frau Mic, mit bürgerlichem Namen Suzanne Pilliard-Verneuil, die er 1916 in der Tanzstunde kennengelernt und am 31. Oktober 1918 geheiratet hatte, war Geschäftsführerin der von Soupault gekauften *Librairie Six*. Sie ist auf einigen Bildern der Gruppe zu sehen, findet in Zeugnissen jener Jahre jedoch keine Erwähnung. Bei einem von Mic veranstalteten Tanzkurs lernte er Marie Louise Augustine Le Borgne kennen, die er, frisch geschieden, 1923 heiratete. Noch im gleichen Jahr wurde die Tochter Christine geboren. Über die Turbulenzen dieser Jahre schreibt Soupault in seinen Memoiren: „Ich entfernte mich zunehmend [von den Surrealisten]. Mein Gefühlsleben erlaubte mir nicht, mich für Diskussionen zu interessieren, die ich für verworren und sinnlos hielt. Ich war völlig ratlos. Inmitten all dieser Ungewißheiten mußte ich private Probleme angehen, die mir ganz unlösbar erschienen: eine neue fordernde und eifersüchtige Liebe, Scheidungsabsichten und die Verantwortung für ein Kind..."[13]

Man kann ohne Übertreibung sagen, daß die Surrealisten in Wirklichkeit misogyne Romantiker waren. Ihre Bildwelten entstammten einer Kunsttradition, die den Geschmack und die Sehgewohnheiten von Generationen gebildet hatte. Eine reale Frau, die in Konkurrenz zu diesen Bildern trat, mußte sich zwangsläufig als unvollkommene Kreatur wahrnehmen. Identifikation mit den schönen Modellen führte im schlimmsten Falle zu Selbstverleugnung und stummer Pose oder zu einer konsequenten Abkehr von den falschen Vorbildern. Wieviel weiblicher Selbsthaß aus dem angenommenen Bewußtsein resultiert, ein Mangelwesen zu sein, bezeugt die Autobiographie der Claire Goll *Ich verzeihe keinem: „*Die Frau ist eine Null, nichts als eine Anhäufung von Eierstöcken, und ich nehme mich nicht aus. Trotz meiner kleinen Erfolge bin ich nichts, fühle ich mich als nichts. Ich bin nie auf die Idee gekommen, mit Goll zu konkurrieren. Ich habe mich immer eine Etage tiefer gefühlt."[14]

Wahrscheinlich war es überhaupt nur möglich, die eigenen, geschlechtsspezifischen Ansprüche zu finden und zu formulieren, wenn traditionelle Weiblichkeitsbilder als männliche Fiktion erkannt wurden und die Frau ganz aus dem Konkurrenzverhältnis sowohl mit diesen Bildern als auch mit deren Schöpfern heraustrat. Es ist kein Zufall, daß in der Umbruchzeit zwischen den Kriegen so viele alleinstehende Frauen aufgetreten sind, Frauen, die ihre Homosexualität bekundeten oder insbesondere mit Homosexuellen befreundet waren, die ein ähnliches Interesse an fundamentalen Rollenverschiebungen hatten. Gerade Frauen wie Gala Dalí und Elsa Triolet oder auch Gertrude Stein und Nancy Cunard, die sich unbeliebt machten, weil sie buchstäblich aus der Rolle fielen, schafften neue Vorbilder, stellten gängige Geschlechterkonstellationen in Frage. Konkurrenzverhältnisse in Künstler-Ehen gehen meistens zu Lasten der Frauen, die als Schülerinnen ihrer Männer betrachtet werden, sofern sie sich auf demselben künstlerischen Terrain bewegen. In den Erinnerungen an ihr Leben mit Max Ernst schreibt die Malerin Dorothea Tanning: „Ach, die guten Leute, mit denen ich mich zu verständigen versuchte. Ihre grenzenlose Liebe und Bewunderung für ihn und deshalb für seine Frau. Sie hätschelten mich, umgirrten mich. 'Stellen Sie sich vor, sie malt auch!' und ich, nur für mich, mehr und mehr außer mir: 'Ich habe die falsche Sprache gelernt.'"[15] Und sie fragt: „Verliert eine Frau durch die Gemeinsamkeit des Ziels denn ihre Imagination? Oder ihre Hände?"[16]

Ebensowenig ist es ein Zufall, daß viele der Frauen in der Pariser Avantgarde aus dem Ausland kamen. Aufgewachsen in einem völlig anderen Umfeld als die Franzosen, brachten sie die ihnen selbstverständlichen Gepflogenheiten mit, die in der Fremde exotisch wirkten und gerade deshalb willkommen waren. Russinnen wie Gala und Elsa, die den Hierarchien ihres Heimatlandes den Rücken gekehrt hatten, fanden ihrerseits im Milieu der Pariser Bohème den erhofften Entfaltungsraum. Das Unbekannte wurde zwar als Herausforderung, weniger aber als Gefangenschaft in überkommenen Strukturen begriffen.

Schärfste Konkurrenz der Surrealistenfrauen aber war die Sprache. In der Literatur der Avantgarde wurde zwar ausdrücklich ihre kommunikative Funktion boykottiert, sie blieb aber dennoch oder gerade deshalb Teil eines männlichen Systems. Die Frau der Surrealisten ist in den surrealistischen Dichtungen aufgehoben – „aufgehoben" in einem doppelten Sinne. Die jungen Männer, die mitten im Krieg in der Welt der Literatur Rettung fanden, unterhielten ein veritables Liebesverhältnis zur Sprache; die Liebe war nicht nur ihr favorisiertes Sujet, in der Arbeit mit der Sprache wurde sie auch realisiert: „Die Wörter haben im übrigen aufgehört zu spielen. Sie machen Liebe miteinander."[17] Es ist charakteristisch für den Surrealismus, weniger das Sexualverhalten als die sprachliche Erotik revolutioniert zu haben – Ausdruck eines überaus narzißtischen Bezugs zur Literatur, mit dem Breton immer wieder gern kokettierte: „Die Rivalität einer Frau und eines Buches, ich gehe gern in dieser Finsternis spazieren."[18] So ist die eigentliche Konkurrenz der realen Frauen nicht nur das weibliche Phantasiewesen, sondern vor allem die Sprache als Geliebte. Das narzißtische Verhältnis zu ihr ist exklusiv und schließt Frauen aus: Zwei Männer tun sich als Paar zusammen, um einen Textkörper zu zeugen. Schon 1919 hatten Breton und Soupault gemeinsam *Die magnetischen Felder* im Verfahren des automatischen Schreibens hervorgebracht, wobei die von keiner verbindlichen Poetik, keinem rationalen Zwang beeinträchtigten Wörter in wahrhaft jungfräulichem Zustand dem Unbewußten entspringen und direkt in die Feder fließen sollten. Ein gemeinsamer Text von Breton und Éluard aus dem Jahre 1930 mit dem vielsagenden Titel *Die unbefleckte Empfängnis* ist genuiner Ausdruck dieser künstlerischen Kreation, die das Gebären simuliert. Weil es Männern nicht möglich ist, miteinander biologisches Leben zu erschaffen, fungiert das Kunstwerk als Kind-Ersatz. Wenn aber Männern die Er-Zeugung von Kunst, Frauen hingegen das Gebären von Kindern zugeschrieben wird, ist das Werk einer Frau auf den zweiten Platz verwiesen. Da Männer naturgemäß keine Kinder zur Welt bringen können, erheben sie alleinigen Besitzanspruch auf die Kunst und deren Produktion. Daß auffällig viele Frauen, die in der Avantgarde als Künstlerinnen oder im Künstlerkreise hervortraten, kinderlos blieben oder sehr problematische Mütter waren, denen man mangelnde Fürsorge vorwarf, scheint die gegenseitige Ausschließung von Kind und Kunst zu bestätigen; tatsächlich aber wurde sie durch die bürgerlichen Strukturen erst erzeugt.

Gerade innerhalb der Zusammenschlüsse von Künstlern, aus deren Gruppe das einzelne Kunstwerk als Arbeitsergebnis eines gemeinsamen Geistes hervorging, waren den Frauen die Hände gebunden. Zu den Maximen der Surrealisten gehörte darüber hinaus das in kollektiver Arbeit entstandene Werk. Aleatorische Spiele wie die *cadavres exquis* – von Simone Breton beschrieben als „unfreiwillige, unbewußte, nichtvoraussehbare Frucht von drei oder vier betrogenen Geistern"[19] – und andere Arten von Bild- oder Textcollagen ließen die Teilnahme aller zu: Jeder bekam Gelegenheit, sein Unbewußtes in Gestalt von Traumerzählungen oder surrealistischen Objekten zu exponieren. Die so entstandenen Kunstwerke sind nicht als Originale eines Schöpfers, sondern als Exempel innovativer Sprachverwendung zu betrachten, wobei sie sich mit ihrem immerwiederkehrenden Repertoire aus dem surrealistischen Bildbestand schnell wie Kunstgewerbe ausnehmen. Die strikten Vorschriften des tonangebenden Breton stellten für alle Gruppenmitglieder ein Handicap dar, und gerade auch die Mitarbeit von Frauen innerhalb der männlichen Gruppe zeigt, daß von einem Bruch mit traditionellen Strukturen keinesfalls die Rede sein kann. Texte und Bilder der Frauen dokumentieren die mühelose Beherrschung der Spielregeln; und da auch sie sich dazu des surrealistischen Bilderfundus bedienten, übernahmen sie zwangsläufig sexistische Stereotypen: Bildnisse von Frauen, halb Menschenwesen, halb Baum, im Boden eingewachsen, nackte und wollüstige Geschöpfe, Tierfrauen und vogelartige Wesen. Eine Zeichnung der Malerin Valentine Hugo, die sich von 1930 an den Surrealistenkreisen für mehrere Jahre anschloß und vor allem mit Breton und Éluard freundschaftlich verbunden war, illustriert ihren Traum vom 21. Dezember mit der Figur einer Frau, in deren Augäpfel sich die Krallen eines Tieres bohren: Diesen beschädigten Blick müssen die Frauen erst verändern lernen, um eine eigene Sicht auf die Dinge zu entwickeln, so wie par excellence Lee Miller, die zunächst Man Rays Modell, dann seine Schülerin gewesen war. Mit wachsender Konkurrenz innerhalb der Beziehung des Liebespaares, zu dem sie inzwischen geworden waren, verließ sie den Freund und Lehrmeister, um dann vollends ihre persönliche Ästhetik als Photographin zu entwickeln.

Daß schöpferische Arbeit für einen Menschen lebensnotwendig sein kann, galt gewiß auch für die Köpfe des Surrealismus – man halte sich vor Augen, daß Aragon im zarten Alter von 23 Jahren bereits zwei Romane abgeschlossen hatte. Die Kunst war für Aragon, Breton und Éluard kein Geschäft, sondern eine Lebensperspektive, so zwingend, daß sie sich von ihren vorgezeichneten Berufslaufbahnen verabschiedeten und zeitweise auch miserabelste Existenzbedingungen in Kauf nahmen. Aus der – metaphysischen wie ganz konkreten – Obdachlosigkeit, in die sie durch das Verlassen des Elternhauses und das Einschlagen der vermeintlich schiefen Bahn des brotlosen Künstlers geraten waren, entstand ja gerade ihre Literatur, deren *genius loci* der Kosmos Paris ist, in dem Parks und Anlagen, Cafés und Musiktheater, Straßen und öffentliche Plätze zu Kultstätten wurden. Frauen hatten im Künstlermilieu meistens nicht viel mehr zu verlieren als die Langeweile bürgerlicher Sicherheiten; die Abwendung davon mußte nicht ursächlich mit der Entscheidung für ein bestimmtes Tun verbunden sein. Die Frauen dieser Literaten wußten anfänglich kaum so recht, was sie im Künstlermilieu wollten, das sich zunächst als Markt der Möglichkeiten präsentierte. Claire Goll spricht dies offen aus: „Ich wollte es lieber im Leben zu Erfolg bringen, als eine bloße literarische Karriere zu machen. Als Frau wußte ich, daß ich es mit der Kraft der männlichen Inspiration keinesfalls aufnehmen konnte. Ich setzte mir also kein festes Ziel und konnte mich, da ich mit niemandem konkurrierte, friedlich meiner Rolle als Zuschauerin hingeben.“[20]

Die „männliche Inspiration“, der sich Claire Goll kampflos ergab, funktionierte allerdings im Einklang mit der männlichen Institution Kunst, den darin verteilten Kompetenzen, vorgegebenen Sehgewohnheiten und Qualitätsvorstellungen. Doch wenn es der Frau statt um das eigene Kunstwerk um eine öffentliche Plattform ging, so reizte die Ehe mit einem Künstler in mehrfacher Hinsicht: Nicht zuletzt verführte die Vorstellung, selber zum Kunstwerk zu werden oder die Dichtermuse zu sein, deren verklärte Vorstellung viel zu schön ist, um sie mit kritisch-kühlem Verstand kurzerhand zu vertreiben. Wenn von den Phantasien der Surrealisten die Rede ist, darf nicht vergessen werden, daß Klischees auch in umgekehrter Richtung funktionierten. In die illustre Runde aus Exzentrikern aufgenommen zu werden, die einander gefielen und gefallen wollten, wo eine Frau sich zeigen und vorzeigen lassen konnte, schmeichelte vielen. Darüber hinaus lockte die Avantgarde-Öffentlichkeit mit Aufstiegschancen innerhalb einer Gesellschaft, die für Frauen keine institutionalisierten Erfolgswege vorsah. Die antibürgerliche Bohème-Welt als besonderes Großstadtphänomen bot ein Klima, das günstig für die weibliche Selbstverwirklichung zu sein schien. Simone Breton, Gala Éluard-Dalí und Elsa Triolet wußten sie auf unterschiedliche Arten und Weisen zu nutzen. Dabei ist es gerade die – meistens nicht geplante – Abkehr der Frauen von traditionellen Lebensformen, durch die sie heute zu den weiblichen Vorbildern werden können, welche sie für sich selbst in der Vergangenheit nicht fanden.

Anmerkungen

Prolog

1 BRETON, André. 1969. Entretiens. Paris: Gallimard. 112.
2 THÉVENIN, Paule (Hg.). 1988. Bureau de recherches surréalistes. Cahier de la permanence. Octobre 1924–Avril 1925. Paris: Gallimard (Archives du Surréalisme 1). 27, Protokoll vom 21.10.1924.
3 BRETON, André und Philippe Soupault. 1990. Die magnetischen Felder. Übers. v. Ré Soupault. Heidelberg: Wunderhorn. 69.

I

SIMONE BRETON

1 BRETON, André. 1973. Die kommunizierenden Röhren. Übers. v. Elisabeth Lenk u. Fritz Meyer. München: Rogner & Bernhard. 101.
2 ARAGON, Louis. 1990. Une vague de rêves. Paris: Seghers. 25.
3 BLEIKASTEN, Aimée. 1994. 'Echos du Surréalisme à Strasbourg'. In: Mélusine. No. XIV. L'Europe surréaliste.
4 Vgl. MAYEUR, Françoise. 1977. L'enseignement Secondaire des jeunes filles sous la 3ème République. Paris: Presses de la fondation nationale des sciences politiques. 156ff.
5 MONNIER, Adrienne. 1989. Rue de l'Odéon. Paris: Albin Michel. 81.
6 Rue de l'Odéon, 92ff.
7 BÉHAR, Henri. 1990. André Breton. Le grand indésirable. Paris: Calman-Lévy. 104.
8 GOLL, Claire. 1987. Ich verzeihe keinem. Übers. v. Ava Belcampo. Berlin: Rütten & Loening. 101.
9 Entretiens, 69ff.
10 In: SANOUILLET, Michel. 1965. Dada à Paris. Paris: Pauvert. 508.

11 In: DAIX, Pierre. 1993. La vie quotidienne des Surréalistes. 1917–1932. Paris: Hachette. 107.

12 In: Dada à Paris, 498.

13 Indésirable, 85.

14 Indésirable, 85.

15 Indésirable, 105.

16 BONNET, Marguerite. 1975. André Breton. Naissance de l'aventure surréaliste. Paris: Corti. 22–23.

17 THIRION, André. 1988. Révolutionnaires sans révolution. Paris: La Pré aux clercs. 187.

18 Indésirable, 121.

19 ARAGON, Louis. 1994. Projèt d'histoire littéraire contemporaine. Hg. u. kommentiert v. Marc Dachy. Paris: Digraphe. 102.

20 DESNOS, Robert. 1953. Corps et biens. Paris: Gallimard. 40–41.

21 SIEPE, Hans T. 1977. Der Leser des Surrealismus. Stuttgart: Klett-Cotta.

22 ARAGON, Louis. 1973. Libertinage. Die Ausschweifung. Übers. v. Lydia Babilas. Frankfurt am Main: Suhrkamp. 205.

23 Libertinage, 207.

24 Indésirable, 166.

25 DAIX, Pierre. 1994. Aragon. Paris: Flammarion. 148.

26 ARAGON, Louis. 1924. Eine Traumwoge. Übers. folgt Maurice Nadeau. 1986. Geschichte des Surrealismus. Reinbek: Rowohlt. 66.

27 Bureau de recherches. Protokoll vom 22. 10. 1924. 29.

28 MAN RAY. 1983. Selbstporträt. München: Schirmer/Mosel. 263.

29 Bureau de recherches, 75.

30 Der Text findet sich in einer Übersetzung von Eva Schewe in: BARCK, Karlheinz (Hg.). 1990. Surrealismus in Paris 1919–1939. Leipzig: Reclam. 168–170.

31 Breton, André. 1983. Nadja. Übers. v. Max Hölzer. Frankfurt am Main: Suhrkamp. 64.

32 Nadja, 56.

33 Vie quotidienne, 318.

34 Indésirable, 208.

35 Nadja, 94.

36 Nadja, 117f.

37 Röhren, 60.

38 ARAGON, Louis. 1994. Lettres à Denise. Hg. v. Pierre Daix. Paris: Maurice Nadeau.

39 In der Rue Chalgrin lag die Wohnung von Emmanuel Berl.

40 Röhren, 80.

41 Indésirable, 241.

42 Jean, Marcel. 1979. Autobiographie du Surréalisme. Paris: Seuil. 321–324.

43 Éluard, Paul. 1990. Liebesbriefe an Gala. Übers. v. Thomas Dobberkau. München: dtv. 95–96, Brief vom Februar 1930.

44 Indésirable, 235.

45 Entretiens, 152.

2

Gala Éluard

1 Vieuille, Chantal. 1988. Gala. Lausanne.

2 McGirk, Tim. 1989. Gala, Dalís skandalöse Muse. Reinbek: Rowohlt. 34.

3 Bona, Dominique. 1995. Gala. Paris: Flammarion. 13.

4 Razumovsky, Maria. 1989. Marina Zwetajewa. Frankfurt am Main: Suhrkamp. 51.

5 Anastassja Zwetajewa, die Mutter Marina Zwetajewas, zit. n. Razumovsky, 51.

6 Éluard, Paul. 1954. Œuvres Complètes. Paris: Gallimard (Bibliothèque de la Pléiade). Préface, XVI.

7 Œuvres Complètes, Préface, XVII.

8 zit. n. Œuvres Complètes, 749ff.

9 Gateau, Jean Charles. 1988. Paul Éluard ou le frère voyant. Paris: Laffont. 56.

10 Éluard, Paul. 1968. Premiers Poèmes. In: Poésies. 1913–1926. Paris: Gallimard. 25.

11 Poésies, 20.

12 Die Briefe sind im folgenden zitiert nach der deutschen Ausgabe der Liebesbriefe: Éluard, Paul. 1984. Liebesbriefe an Gala. München: dtv.

13 Jean, Raymond. 1968. Éluard. Paris: Seuil. 22.

14 Entretiens, 57.

15 Ribemont-Dessaignes, Georges. 1958. Déjà jadis. Paris: Juillard.

16 Breton, André u. Philippe Soupault. 1981. Die magnetischen Felder, gefolgt von 'Bitte' und 'Ihr werdet mich vergessen'. Übers. v. Eugen Helmlé. München: edition text + kritik. 86–87.

17 Le frère voyant, 100.

18 Gespräch mit André Thirion im Mai 1994.

19 Révolutionnaires, 192.

20 CRASTRE, Victor. 1963. Le drame du surréalisme. Paris. Éditions du Temps. 68–69.

21 Befragt von Chantal Vieuille im März 1984, ebd. 51.

22 Littérature Nouvelle Série Nr. 6, 1.11.1922. 'Entrée des Médiums', 1–16.

23 zit. n. McGirk, 80.

24 MORLINO, Bernard. 1987. Philippe Soupault: Qui êtes-vous? Paris. La Manufacture. 277.

25 Josephson, Matthew. 1962. Life among the Surrealists. New York: Holt, Rinehart & Winston. 179.

26 SOUPAULT, Philippe. 1981. Mémoires de l'Oubli 1914–1923. Paris: Lacheral & Ritter. 182.

27 ERNST, Jimmy. 1984. Nicht gerade ein Stilleben. Erinnerungen an meinen Vater Max Ernst. Übers. v. Barbara Bortfeldt. Köln: Kiepenheuer & Witsch. 430.

28 Stilleben, 259.

29 Im Anhang der Liebesbriefe, 24.4.1924.

30 Indésirable, 115–116.

31 zit. n. McGirk, 69.

32 Simone an Denise.

33 Ich verzeihe keinem, 142.

34 ÉLUARD, Paul. 1983. Hauptstadt der Schmerzen. Übers. von Gerd Henninger. Berlin: Hensel. 88. Das Gedicht ist aus »Les petits justes« (Die trefflichen Kleinen).

35 DALÍ, Salvador. 1981. So wird man Dalí. München: Moewig. 114.

36 So wird man Dalí, 115.

37 So wird man Dalí, 122.

38 So wird man Dalí, 144.

39 So wird man Dalí, 139.

40 Ich verzeihe keinem, 137.

41 GUGGENHEIM, Peggy. 1990. Ich habe alles gelebt. Die Memoiren der »Femme fatale« der Kunst. Übers. v. Dieter Mulch. München: Bastei Lübbe. 197.

42 So wird man Dalí, 124.

43 Ich verzeihe keinem, 143.

44 Ich verzeihe keinem, 142.

45 La Revolution surréaliste Nr. 12, 15.12.1929. 65–76.
46 Ich verzeihe keinem, 274.
47 So im Gedicht »Karodame« von 1926 in: Barck, übers. v. Ulrich Grasnick, 149.
48 zit. n. Gateau, 182.
49 zit. n. Gateau, 198.

3

ELSA TRIOLET

1 TRIOLET, Elsa. 1978. Bonsoir, Thérèse. Paris: Gallimard. 153.
2 TRIOLET, Elsa. 1957. Majakowskij. Berlin: Aufbau-Verlag. 10–11.
3 Majakowskij, 15.
4 TRIOLET, Elsa. 1974. Fraise-des-Bois. Paris: Gallimard. 28–29.
5 Fraise, 28.
6 Majakowskij, 9–30.
7 Majakowskij, 44.
8 TRIOLET, Elsa. 1964. Œuvres Romanesques Croisées I, Vorwort. Paris: Laffont. 18.
9 Fraise, 80.
10 EHRENBURG, Ilja. 1962. Menschen, Jahre, Leben. München: Kindler. 534.
11 KÄNDLER, Klaus u.a. 1987. Berliner Begegnungen. Ausländische Künstler in Berlin 1918 bis 1933. Aufsätze – Bilder – Dokumente. Berlin: Dietz Verlag. 52.
12 DESANTI, Dominique. 1994. Elsa & Aragon. Le couple ambigu. Paris: Belfond. 55.
13 Fraise, 79.
14 Fraise, 83.
15 BRIK, Lilja. 1993. Schreib Verse für mich. Erinnerungen an Majakowski. München: dtv. 230, Brief von Elsa Triolet an Lilja Brik vom 22.10.1963. 230.
16 DESANTI, Dominique. 1983. Les clés d'Elsa. Aragon Triolet. Paris: Ramsay. 48–49.
17 MARIENHOF, Anatoli. 1990. Zyniker. Reclam: Leipzig. 9.
18 Œuvres I, 14.
19 Manuskript zu Fraise, Cahier 017.

20 Majakowskij, 30.
21 Das Haus steht nicht mehr. Wie der ganze Teil der Straße zu den Yorck-
brücken hin ist es den Bomben zum Opfer gefallen.
22 SKLOVSKIJ, Viktor. 1965. Zoo oder Briefe nicht über die Liebe. Frankfurt
am Main: Suhrkamp. 77.
23 Siebenhaar, Klaus (Hg.). 1991. Carl Einstein. Prophet der Avantgarde.
Berlin: Fannei & Walz. 10.
24 Zoo, 26.
25 Berliner Begegnungen, 54.
26 Zoo, 22–23. Elsa an Lilja.
27 Fraise, 161–162.
28 Fraise, 118–119.
29 Fraise, 97.
30 Thérèse, 13.
31 Thérèse, 42.
32 Œuvres I, 17.
33 Œuvres I, 18.
34 Triolet, Elsa. 1976. Camouflage. Paris: Gallimard. 89.
35 Camouflage, 93.
36 Cahier 053.
37 Die Aufzeichnungen aus dem russisch geführten Tagebuch dieser Zeit
werden zitiert nach der Dissertation von DELRANC-GAUDRIC, Marianne.
1991. D'Elsa Triolet à Elsa Triolet. Les quatre premiers romans d'Elsa
Triolet et le passage du russe au français. Institut National des langues et
civilisations orientales. Centre de poétique comparée. Paris.
38 Œuvres I, Vorwort, 27.
39 Œuvres I, Vorwort, 27.
40 WALLARD, Daniel. 1979. Aragon. Un portrait. Paris: Éditions Cercle d'Art.
21.
41 ARAGON, Louis. 1968. Aragon parle avec Dominique Arban. Paris: Seghers.
16.
42 DAIX, Pierre. 1994. Aragon. Paris: Flammarion. 31.
43 Aragon, 45.
44 Aragon parle, 29.
45 Aragon parle, 29.
46 Aragon parle, 34.
47 Rue de l'Odéon, 98.
48 Aragon parle, 43.

49 Lettres à Denise, 32, Brief vom 22.1.1924.

50 Aragon parle, 60.

51 Aragon parle, 61.

52 ARAGON, Louis. 1956. Le roman inachevé. Paris: Gallimard. 174ff.

53 Aragon parle, 62.

54 KLÜVER, Billy und Julie Martin. 1989. Kiki's Paris. Artists and Lovers 1900–1930. New York: Harry N. Abrams. 182.

55 Aragon parle, 95.

56 Révolutionnaires, 158ff.

57 SADOUL, Georges. 1967. Aragon. Paris: Seghers (Poètes d'aujourd'hui). 9.

58 Révolutionnaires, 162.

59 Thérèse, 104–105.

60 Thérèse, 124.

61 Révolutionnaires, 165.

62 ARAGON, Louis. 1985. Nachwort zu: Die Viertel der Reichen. Übers. v. Stefan Hermlin. Frankfurt am Main: Fischer. 534.

63 Œuvres I, 19.

64 Entretiens, 165.

65 Révolutionnaires, 164.

66 Cahier 053, 4.

67 TRIOLET, Elsa. 1969. La mise en mots. Paris. Skira. 56.

68 Thérèse, 155–157.

69 Cahier 053, Manuskript zu Thérèse, 617.

70 Aragon parle, 95–96.

71 Cahier 053.

72 PIERRE, José (Hg.). Recherchen im Reich der Sinne. Die zwölf Gespräche der Surrealisten über Sexualität. Übers. v. Martina Dervis. München: C.H. Beck. 27, Gespräch vom 31.1.1928.

73 Recherchen, 29.

74 Révolutionnaires, 164.

75 Dalí, Salvador. 1974. Gesammelte Schriften. München: Rogner & Bernhard. 286.

76 Aragon parle, 88.

77 ARAGON, Louis, Jean Paulhan et Elsa Triolet. 1994. 'Le temps traversé'. Correspondance 1920–1964. Hg. u. kommentiert v. Bernard Leuillot. Paris: Gallimard. 93, Brief vom 8.5.1940.

78 Correspondance, 70, Brief vom 17.1.1940.

79 Ich verzeihe keinem, 144.

80 Révolutionnaires, 164.

81 Portrait, 126.

82 Aragon parle, 97.

83 Œuvres I, 15.

84 Schreib Verse, 195, Brief vom 20.5.1933.

85 Schreib Verse, 205–206.

86 MALRAUX, Clara. 1982. Das Geräusch meiner Schritte. München: Scherz. 293.

87 Schreib Verse, 235, Brief vom 7.9.1969.

88 Correspondance, 55–56, Brief ca. am 5.12.1939.

89 Schreib Verse, 208, Brief vom 1.2.1945.

90 TRIOLET, Elsa. 1973. Le premier accroc coûte deux cents francs. Paris: Denoël. Vorwort, 19.

91 Schreib Verse, 211. Brief vom 1.2.1945.

92 Premier accroc, Vorwort, 25.

93 ARAGON, Louis. 1960. Vorwort zu Elsa Triolets Novellensammlung Mille regrets. Paris: Gallimard. 4.

94 Œuvres I, 14.

95 Correspondance, 46, Brief vom 12.7.1939.

96 Schreib Verse, 228, Brief vom 28.11.1962.

97 Schreib Verse, 228, Brief vom 22.10.1963.

98 Les Lettres Françaises Nr. 1309, 19.11.1969.

99 Thérèse, 146.

100 Manuskript zu einem Artikel in den Lettres Françaises, 4.3.1948, 'La dignité de la femme'.

101 Thérèse, 113.

102 GILOT, Françoise und Carlton Lake. 1980. Leben mit Picasso. München: Bertelsmann. 229–231.

103 Aragon parle, 159.

104 Aragon parle, 164.

105 TRIOLET, Elsa. 1969. La mise en mots. Genf: Skira. 50.

106 TRIOLET, Elsa. 1969. Le rossignol se taît à l'aube. Paris: Gallimard. 13.

107 Schreib Verse, 235, Brief vom 7.9.1969.

Nachwort

1 Projèt, 112.

2 MANN, Klaus. 1992. 'Die Surrealisten'. In: Die neuen Eltern. Aufsätze, Reden, Kritiken 1924–1933. Reinbek: Rowohlt. 218.

3 Recherchen im Reich der Sinne, 103–107.

4 Libertinage, 192

5 Recherchen im Reich der Sinne, 77.

6 Liebesbriefe an Gala, 183.

7 Libertinage, 75.

8 Nadja, 127.

9 Projèt, 7.

10 Projèt, 9.

11 La Révolution Surréaliste Nr. 12, 15.12.1929.

12 Nadja, 113.

13 Mémoires de l'Oubli, 168–169.

14 Ich verzeihe keinem, 133.

15 TANNING, Dorothea. 1990. Birthday. Übers. v. Barbara Bortfeldt. Köln: Kiepenheuer & Witsch. 138.

16 Birthday, 161.

17 BRETON, André. 1989. Die verlorenen Schritte. Berlin: Tiamat. 130.

18 Felder, 103.

19 Das deutsche Pendant dazu ist etwa »Onkel Otto sitzt schwitzend in der Badewanne«. Barck. Surrealismus, 206–209.

20 Ich verzeihe keinem, 99–100.

Danksagung

Die vorangegangenen Seiten schrieb ich im Andenken an Erich Benke und in Verbundenheit mit Sophie Benke und Inge Bücking.

Dieses Buch konnte dank eines zwei Jahre währenden Stipendiums des Förderprogramms Frauenforschung vom Berliner Senat für Arbeit und Frauen zügig vorbereitet und verfaßt werden.

Mein ganz besonderer Dank gilt Mme Sylvie Sator für Materialien und aufschlußreiche Gespräche, ohne die dieses Buch nicht zustande gekommen wäre.

Wolfram Kiepe war auch diesmal mein hingebungsvollster Leser. Renate Lance-Otterbein, Fonds Elsa Triolet & Aragon, kam mir wie stets mit weichenstellenden Vorschlägen und freundschaftlicher Inspiration zur Hilfe. Henri Béhar unterstützte die Arbeit mit Hinweisen und durch seine Biographie über *André Breton, le grand indésirable*. Mit Rat und Tat bei der Sache waren Friederike von Fallois, Carsten Fedderke, Helmut Merschmann, Corinna Rosteck, Dirk Schaefer und Karl-Heinz Steinle. Janine Longchampt schuf mir angenehme Arbeitsbedingungen in Paris. Ihnen allen sei gedankt.

1. Auflage Februar 1996
ISBN 3-927901-74-1
© Copyright 1996 Bollmann Verlag GmbH
Verlagsanschrift: G 7, 24 · D-68159 Mannheim
Ausstattung: Bollmann Verlag
Gesetzt aus der Bodoni Old Face
Herstellung: Clausen & Bosse, Leck
Printed in Germany